PRÉFACE

La collection de guides de conversation "Tout ira bien!", publié par T&P Books, est conçue pour les gens qui voyagent par affaire ou par plaisir. Les guides de conversations contiennent le plus important - l'essentiel pour la communication de base. Il s'agit d'une série indispensable de phrases pour survivre à l'étranger.

Ce guide de conversation vous aidera dans la plupart des cas où vous devez demander quelque chose, trouver une direction, découvrir le prix d'un souvenir, etc. Il peut aussi résoudre des situations de communication difficile lorsque la gesticulation n'aide pas.

Ce livre contient beaucoup de phrases qui ont été groupées par thèmes. Vous trouverez aussi un petit dictionnaire de plus de 1500 mots importants et utiles.

Emmenez avec vous un guide de conversation "Tout ira bien!" sur la route et vous aurez un compagnon de voyage irremplaçable qui vous aidera à vous sortir de toutes les situations et vous enseignera à ne pas avoir peur de parler aux étrangers.

TABLE DES MATIÈRES

T&P Books Publishing

Collection de guides de conversation
"Tout ira bien!"

T&P Books Publishing

GUIDE DE CONVERSATION SUÉDOIS

LES PHRASES LES PLUS UTILES

Ce guide de conversation contient les phrases et les questions les plus communes et nécessaires pour communiquer avec des étrangers

Par Andrey Taranov

T&P BOOKS

Guide de conversation + dictionnaire de 1500 mots

Guide de conversation Français-Suédois et dictionnaire concis de 1500 mots

Par Andrey Taranov

La collection de guides de conversation "Tout ira bien!", publiée par T&P Books, est conçue pour les gens qui voyagent par affaire ou par plaisir. Les guides contiennent l'essentiel pour la communication de base. Il s'agit d'une série indispensable de phrases pour "survivre" à l'étranger.

Une autre section du livre contient un petit dictionnaire de plus de 1500 mots les plus utilisés. Le dictionnaire inclut beaucoup de termes gastronomiques et peut être utile lorsque vous faites le marché ou commandez des plats au restaurant.

T&P Books Publishing
www.tpbooks.com

ISBN: 978-1-78616-775-0

Ce livre existe également en format électronique.
Pour plus d'informations, veuillez consulter notre site: www.tpbooks.com ou rendez-vous sur ceux des grandes librairies en ligne.

PRONONCIATION

Lettre	Exemple en suédois	Alphabet phonétique T&P	Exemple en français
Aa	bada	[ɑ], [ɑ:]	classe
Bb	tabell	[b]	bureau
Cc [1]	licens	[s]	syndicat
Cc [2]	container	[k]	bocal
Dd	andra	[d]	document
Ee	efter	[e]	équipe
Ff	flera	[f]	formule
Gg [3]	gömma	[j]	maillot
Gg [4]	truga	[g]	gris
Hh	handla	[h]	[h] aspiré
Ii	tillhöra	[i:], [ɪ]	liste
Jj	jaga	[j]	maillot
Kk [5]	keramisk	[ɕ]	chiffre
Kk [6]	frisk	[k]	bocal
Ll	tal	[l]	vélo
Mm	medalj	[m]	minéral
Nn	panik	[n]	ananas
Oo	tolv	[ɔ]	robinet
Pp	plommon	[p]	panama
Qq	squash	[k]	bocal
Rr	spelregler	[r]	racine, rouge
Ss	spara	[s]	syndicat
Tt	tillhöra	[t]	tennis
Uu	ungefär	[u], [ʉ:]	route, consul
Vv	overall	[v]	rivière
Ww [7]	kiwi	[w]	iguane
Xx	sax	[ks]	taxi
Yy	manikyr	[y], [y:]	sucre
Zz	zoolog	[s]	syndicat
Åå	sångare	[ə]	record
Ää	tandläkare	[æ]	maire
Öö	kompositör	[ø]	peu profond

Lettre	Exemple en suédois	Alphabet phonétique T&P	Exemple en français

Combinaisons de lettres

Ss [8]	sjösjuka	[ʃ]	chariot
sk [9]	skicka	[ʃ]	chariot
s [10]	först	[ʃ]	chariot
J j [11]	djärv	[j]	maillot
Lj [12]	ljus	[j]	maillot
kj, tj	kjol	[ɕ]	chiffre
ng	omkring	[ŋ]	parking

Remarques

[*] **kj** se prononce

[**] **ng** produit un son nasal

[1] devant **e, i, y**

[2] dans les autres cas

[3] devant **e, i, ä, ö**

[4] dans les autres cas

[5] devant **e, i, ä, ö**

[6] dans les autres cas

[7] dans les mots d'origine étrangère

[8] dans **sj, skj, stj**

[9] devant les voyelles accentuées **e, i, y, ä, ö**

[10] dans la combinaison de lettres **rs**

[11] dans **dj, hj, gj, kj**

[12] en début de mot

LISTE DES ABRÉVIATIONS

Abréviations en français

adj	-	adjective
adv	-	adverbe
anim.	-	animé
conj	-	conjonction
dénombr.	-	dénombrable
etc.	-	et cetera
f	-	nom féminin
f pl	-	féminin pluriel
fam.	-	familiar
fem.	-	féminin
form.	-	formal
inanim.	-	inanimé
indénombr.	-	indénombrable
m	-	nom masculin
m pl	-	masculin pluriel
m, f	-	masculin, féminin
masc.	-	masculin
math	-	mathematics
mil.	-	militaire
pl	-	pluriel
prep	-	préposition
pron	-	pronom
qch	-	quelque chose
qn	-	quelqu'un
sing.	-	singulier
v aux	-	verbe auxiliaire
v imp	-	verbe impersonnel
vi	-	verbe intransitif
vi, vt	-	verbe intransitif, transitif
vp	-	verbe pronominal
vt	-	verbe transitif

Abréviations en suédois

pl	-	pluriel

Les articles en suédois

den	-	genre commun
det	-	neutre
en	-	genre commun
ett	-	neutre

GUIDE DE CONVERSATION SUÉDOIS

Cette section contient
des phrases importantes
qui peuvent être utiles dans
des situations courantes.
Le guide vous aidera
à demander des directions,
clarifier le prix, acheter
des billets et commander
des plats au restaurant

T&P Books Publishing

CONTENU DU GUIDE DE CONVERSATION

T&P Books Publishing

Les essentiels

Excusez-moi, ...	**Ursäkta mig, ...** [ʉ:'ʂɛkta mɛj, ...]
Bonjour	**Hej** [hɛj]
Merci	**Tack** [tak]
Au revoir	**Hej då** [hɛj do:]
Oui	**Ja** [ja]
Non	**Nej** [nɛj]
Je ne sais pas.	**Jag vet inte.** [ja vet 'intə]
Où? | Où? | Quand?	**Var? I Vart? I När?** [var? | va:ʈ? | nɛr?]

J'ai besoin de ...	**Jag behöver ...** [ja be'høvər ...]
Je veux ...	**Jag vill ...** [ja vilʲ ...]
Avez-vous ... ?	**Har du ...?** [har dʉ: ...?]
Est-ce qu'il y a ... ici?	**Finns det ... här?** [fins dɛ ... hæ:r?]
Puis-je ... ?	**Får jag ... ?** [for ja: ...?]
s'il vous plaît (pour une demande)	**..., tack** [..., tak]

Je cherche ...	**Jag letar efter ...** [ja ʲletar 'ɛftər ...]
les toilettes	**en toalett** [en tua'lʲet]
un distributeur	**en uttagsautomat** [en ʉ:'ta:gs auto'mat]
une pharmacie	**ett apotek** [et apʉ'tek]
l'hôpital	**ett sjukhus** [et 'ɧʉ:khʉs]
le commissariat de police	**en polisstation** [en po'lis sta'ɧu:n]
une station de métro	**tunnelbanan** ['tʉnəlʲ 'ba:nan]

un taxi	**en taxi** [en 'taksi]
la gare	**en tågstation** [en 'to:g sta'ŋu:n]

Je m'appelle ...	**Jag heter ...** [ja 'hetər ...]
Comment vous appelez-vous?	**Vad heter du?** [vad 'hetər dʉ:?]
Aidez-moi, s'il vous plaît.	**Skulle du kunna hjälpa mig?** ['skʉlle dʉ: 'kuna 'jɛlʲpa mɛj?]
J'ai un problème.	**Jag har ett problem.** [ja har et prɔ'blʲem]
Je ne me sens pas bien.	**Jag mår inte bra.** [ja mor 'intə bra:]
Appelez une ambulance!	**Ring efter en ambulans!** ['riŋ 'ɛftər en ambʉ'lʲans!]
Puis-je faire un appel?	**Får jag ringa ett samtal?** [for ja 'riŋa et 'sa:mtalʲ?]

Excusez-moi.	**Jag är ledsen.** [ja ær 'lʲesən]
Je vous en prie.	**Ingen orsak.** ['iŋen 'u:ʂak]

je, moi	**Jag, mig** [ja, mɛj]
tu, toi	**du** [dʉ]
il	**han** [han]
elle	**hon** [hon]
ils	**de:** [de:]
elles	**de:** [de:]
nous	**vi** [vi:]
vous	**ni** [ni]
Vous	**du, Ni** [dʉ:, ni:]

ENTRÉE	**INGÅNG** ['iŋo:ŋ]
SORTIE	**UTGÅNG** ['ʉtgo:ŋ]
HORS SERVICE | EN PANNE	**UR FUNKTION** [ʉ:r fʉnk'ŋu:n]
FERMÉ	**STÄNGT** ['stɛŋt]

13

OUVERT

ÖPPET
['øpet]

POUR LES FEMMES

FÖR KVINNOR
[før 'kvinor]

POUR LES HOMMES

FÖR MÄN
[før mɛn]

Questions

Où? (lieu)	**Var?** [var?]
Où? (direction)	**Vart?** [vaːʈ?]
D'où?	**Varifrån?** ['varifron?]
Pourquoi?	**Varför?** ['vaːføːr?]
Pour quelle raison?	**Av vilken anledning?** [aːv 'vilʲkən an'lʲednin?]
Quand?	**När?** [nɛr?]

Combien de temps?	**Hur länge?** [hʉː 'lʲɛŋə?]
À quelle heure?	**Vilken tid?** ['vilʲkən tid?]
C'est combien?	**Hur länge?** [hʉː 'lʲɛŋə?]
Avez-vous ... ?	**Har du ...?** [har dʉ ...?]
Où est ..., s'il vous plaît?	**Var finns ...?** [var fins ...?]

Quelle heure est-il?	**Vad är klockan?** [vad ær 'klʲokan?]
Puis-je faire un appel?	**Får jag ringa ett samtal?** [for ja 'riŋa et 'saːmtalʲ?]
Qui est là?	**Vem är det?** [vem ær dɛ?]
Puis-je fumer ici?	**Får jag röka här?** [for ja 'røka hæːr?]
Puis-je ...?	**Får jag ...?** [for jaː ...?]

Besoins

Je voudrais ...
Jag skulle vilja ...
[ja 'skɵlʲe 'vilja ...]

Je ne veux pas ...
Jag vill inte ...
[ja vilʲ 'intə ...]

J'ai soif.
Jag är törstig.
[ja ær 'tø:ʂtig]

Je veux dormir.
Jag vill sova.
[ja vilʲ 'so:va]

Je veux ...
Jag vill ...
[ja vilʲ ...]

me laver
tvätta mig
['tvɛta mɛj]

brosser mes dents
borsta tänderna
['bo:ʂta 'tɛndeɳa]

me reposer un instant
vila en stund
['vilʲa en stund]

changer de vêtements
att byta kläder
[at 'byta 'klʲɛ:dər]

retourner à l'hôtel
gå tillbaka till hotellet
['go tilʲˈbaka tilʲ ho'telʲet]

acheter ...
köpa ...
['çøpa ...]

aller à ...
ta mig till ...
[ta mɛj tilʲ ...]

visiter ...
besöka ...
[be'søka ...]

rencontrer ...
träffa ...
['trɛfa ...]

faire un appel
ringa ett samtal
['riŋa et 'samtalʲ]

Je suis fatigué /fatiguée/
Jag är trött.
[ja ær trøt]

Nous sommes fatigués /fatiguées/
Vi är trötta.
[vi: ær 'trøta]

J'ai froid.
Jag fryser.
[ja 'frysər]

J'ai chaud.
Jag är varm.
[ja ær varm]

Je suis bien.
Jag är okej.
[ja ær ɔ'kej]

Il me faut faire un appel. **Jag behöver ringa ett samtal.**
[ja be'høvər 'riŋa et 'samtalⁱ]

J'ai besoin d'aller aux toilettes. **Jag behöver gå på toaletten.**
[ja be'høvər go pɔ tua'lⁱetən]

Il faut que j'aille. **Jag måste ge mig av.**
[ja 'mostə je mɛj av]

Je dois partir maintenant. **Jag måste ge mig av nu.**
[ja 'mostə je mɛj av nʉ:]

Comment demander la direction

Excusez-moi, ...	**Ursäkta mig, ...** [ʉ:'ʂɛkta mɛj, ...]
Où est ..., s'il vous plaît?	**Var finns ...?** [var fins ...?]
Dans quelle direction est ... ?	**Åt vilket håll ligger ...?** [ot 'vilʲket holʲ 'ligər ...?]
Pouvez-vous m'aider, s'il vous plaît ?	**Skulle du kunna hjälpa mig?** ['skʉlʲe dʉ: 'kuna 'jɛlʲpa mɛj?]

Je cherche ...	**Jag letar efter ...** [ja 'lʲetar 'ɛftər ...]
La sortie, s'il vous plaît?	**Jag letar efter utgången.** [ja 'lʲetar 'ɛftər 'ʉtgo:ŋən]

Je vais à ...	**Jag ska till ...** [ja ska tilʲ ...]
C'est la bonne direction pour ...?	**Är jag på rätt väg till ...?** [ɛr ja pɔ rɛt vɛg tilʲ ...?]

C'est loin?	**Är det långt?** [ɛr dɛ 'lʲo:ŋt?]
Est-ce que je peux y aller à pied?	**Kan jag ta mig dit till fots?** [kan ja ta mɛj dit tilʲ 'fots?]
Pouvez-vous me le montrer sur la carte?	**Kan du visa mig på kartan?** [kan dʉ: 'vi:sa mɛj pɔ 'ka:ʈan?]
Montrez-moi où sommes-nous, s'il vous plaît.	**Kan du visa mig var vi är nu.** [kan dʉ: 'vi:sa mɛj var vi ær nʉ:]

Ici	**Här** [hæ:r]
Là-bas	**Där** [dɛr]
Par ici	**Den här vägen** [den hæ:r 'vɛgən]

Tournez à droite.	**Sväng höger.** ['svɛŋ 'høgər]
Tournez à gauche.	**Sväng vänster.** ['svɛŋ 'vɛnstər]

Prenez la première (deuxième, troisième) rue.	**första (andra, tredje) sväng** ['fø:ʂta ('andra, 'tre:dje) svɛŋ]
à droite	**till höger** [tilʲ 'høgər]

à gauche

till vänster
[tilʲ 'vɛnstər]

Continuez tout droit.

Gå rakt fram.
['go rakt fram]

Affiches, Pancartes

BIENVENUE!	**VÄLKOMMEN!** ['vɛlʲkomən!]
ENTRÉE	**INGÅNG** ['iŋo:ŋ]
SORTIE	**UTGÅNG** ['ʉtgo:ŋ]

POUSSEZ	**TRYCK** [trʏk]
TIREZ	**DRA** [dra:]
OUVERT	**ÖPPET** ['øpet]
FERMÉ	**STÄNGT** ['stɛŋt]

POUR LES FEMMES	**FÖR KVINNOR** [før 'kvinor]
POUR LES HOMMES	**FÖR MÄN** [før mɛn]
MESSIEURS (m)	**HERRAR** ['hɛrrar]
FEMMES (f)	**DAMER** ['damər]

RABAIS | SOLDES	**RABATT** [ra'bat]
PROMOTION	**REA** ['rea]
GRATUIT	**GRATIS** ['gratis]
NOUVEAU!	**NYHET!** ['nyhet!]
ATTENTION!	**VARNING!** ['varniŋ!]

COMPLET	**FULLBOKAT** [fʉlʲ'bokat]
RÉSERVÉ	**RESERVERAT** [resɛr'verat]
ADMINISTRATION	**DIREKTÖR** [direk'tør]
PERSONNEL SEULEMENT	**ENDAST PERSONAL** ['ɛndast pɛ:ʂo'nalʲ]

ATTENTION AU CHIEN!	**VARNING FÖR HUNDEN!** ['varniŋ før 'hʉndən!]
NE PAS FUMER!	**RÖKNING FÖRBJUDET!** ['røkniŋ før'bjʉ:det!]
NE PAS TOUCHER!	**RÖR EJ!** [rør ɛj!]
DANGEREUX	**FARLIGT** ['fɑ:lɪgt]
DANGER	**FARA** ['fɑ:ra]
HAUTE TENSION	**HÖGSPÄNNING** ['høgspɛniŋ]
BAIGNADE INTERDITE!	**BAD FÖRBJUDET!** [bad før'bjʉ:det!]

HORS SERVICE | EN PANNE	**UR FUNKTION** [ʉ:r fʉnk'ʃu:n]
INFLAMMABLE	**BRANDFARLIGT** ['brand 'fɑ:lɪgt]
INTERDIT	**FÖRBJUDET** [før'bjʉ:det]
ENTRÉE INTERDITE!	**TILLTRÄDE FÖRBJUDET!** [tilˡtrɛdə før'bjʉ:det!]
PEINTURE FRAÎCHE	**NYMÅLAT** ['nymolˡat]

FERMÉ POUR TRAVAUX	**STÄNGT FÖR RENOVERING** ['stɛŋt før reno'veriŋ]
TRAVAUX EN COURS	**VÄGARBETE** ['vɛ:g ar'betə]
DÉVIATION	**OMLEDNINGSVÄG** [ɔ:m'lˡedniŋs vɛg]

Transport - Phrases générales

avion	**plan** [pl'an]
train	**tåg** [toːg]
bus, autobus	**buss** [bus]
ferry	**färja** ['fæːrja]
taxi	**taxi** ['taksi]
voiture	**bil** [bilʲ]

horaire	**tidtabell** ['tid ta'bɛlʲ]
Où puis-je voir l'horaire?	**Var kan jag se tidtabellen?** [var kan ja se tidːta'bɛlʲen?]
jours ouvrables	**vardagar** [vaːr'daːgar]
jours non ouvrables	**helger** ['heljer]
jours fériés	**helgdagar** ['helj'daːgar]

DÉPART	**AVGÅNGAR** ['avgoːŋar]
ARRIVÉE	**ANKOMSTER** ['ankomstər]
RETARDÉE	**FÖRSENAD** [føː'ṣenad]
ANNULÉE	**INSTÄLLD** ['instɛlʲd]

prochain (train, etc.)	**nästa** ['nɛsta]
premier	**första** ['føːṣta]
dernier	**sista** ['sista]

À quelle heure est le prochain ...?	**När går nästa ...?** [nɛr goːr 'nɛsta ...?]
À quelle heure est le premier ...?	**När går första ...?** [nɛr goːr 'føːṣta ...?]

À quelle heure est le dernier ...?

När går sista ...?
[nɛr goːr 'sista ...?]

correspondance

byte
['byte]

prendre la correspondance

att göra ett byte
[at 'jøra et 'byte]

Dois-je prendre la correspondance?

Behöver jag byta?
[be'høvər ja 'byta?]

Acheter un billet

Où puis-je acheter des billets?	**Var kan jag köpa biljetter?** [var kan ja 'ɕøpa bi'lʲetər?]
billet	**biljett** [bi'lʲet]
acheter un billet	**att köpa en biljett** [at 'ɕøpa en bi'lʲet]
le prix d'un billet	**biljettpris** [bi'lʲet pris]

Pour aller où?	**Vart?** [vaːʈ?]
Quelle destination?	**Till vilken station?** [tilʲ 'vilʲkən sta'ɧuːn?]
Je voudrais ...	**Jag behöver ...** [ja be'høvər ...]
un billet	**en biljett** [en bi'lʲet]
deux billets	**två biljetter** [tvoː bi'lʲetər]
trois billets	**tre biljetter** [tre bi'lʲetər]

aller simple	**enkel** ['ɛnkəlʲ]
aller-retour	**tur och retur** ['tʉːr ɔ re'tʉːr]
première classe	**första klass** ['føːʂta klʲas]
classe économique	**andra klass** ['andra klʲas]

aujourd'hui	**idag** [idaːg]
demain	**imorgon** [i'mɔrgɔn]
après-demain	**i övermorgon** [i 'øːvəˌmɔrgɔn]

dans la matinée	**på morgonen** [pɔ 'mɔrgɔnən]
l'après-midi	**på eftermiddagen** [pɔ 'ɛftə mid'dagən]
dans la soirée	**på kvällen** [pɔ 'kvɛlʲen]

siège côté couloir	**gångplats** [goːŋ plʲats]
siège côté fenêtre	**fönsterplats** ['fønstə plʲats]
C'est combien?	**Hur mycket?** [hʉː 'mʏke?]
Puis-je payer avec la carte?	**Kan jag betala med kreditkort?** [kan ja be'talʲa me kre'dit koːʈ?]

L'autobus

bus, autobus	**buss** [bus]
autocar	**långfärdsbuss** ['lɔŋfɛrdsˌbus]
arrêt d'autobus	**busshållplats** ['bus 'holʲplʲats]
Où est l'arrêt d'autobus le plus proche?	**Var finns närmsta busshållplats?** [var fins 'nɛrmsta 'bus 'holʲplʲats?]

numéro	**nummer** ['numər]
Quel bus dois-je prendre pour aller à ...?	**Vilken buss kan jag ta till ...?** ['vilʲkən bus kan ja ta tilʲ ...?]
Est-ce que ce bus va à ...?	**Går den här bussen till ...?** [goːr den hæːr 'busen tilʲ ...?]
L'autobus passe tous les combien?	**Hur ofta går bussarna?** [hʉː 'ofta goːr 'busarna?]

chaque quart d'heure	**var femtonde minut** [var 'femtondə mi'nʉːt]
chaque demi-heure	**varje halvtimme** ['varje 'halʲvˌtimə]
chaque heure	**en gång i timmen** [en goːŋ i 'timən]
plusieurs fois par jour	**flera gånger om dagen** ['flʲera 'goːŋər om 'dagən]
... fois par jour	**... gånger om dagen** [... 'goːŋər om 'dagən]

horaire	**tidtabell** ['tid ta'bɛlʲ]
Où puis-je voir l'horaire?	**Var kan jag se tidtabellen?** [var kan ja se tid ta'bɛlʲen?]
À quelle heure passe le prochain bus?	**När går nästa buss?** [nɛr goːr 'nɛsta bus?]
À quelle heure passe le premier bus?	**När går första bussen?** [nɛr goːr 'føːʂta 'busən?]
À quelle heure passe le dernier bus?	**När går sista bussen?** [nɛr goːr 'sista 'busən?]

arrêt	**hållplats** ['holʲˌplʲats]
prochain arrêt	**nästa hållplats** ['nɛsta 'holʲplʲats]

terminus

Pouvez-vous arrêter ici, s'il vous plaît.

Excusez-moi, c'est mon arrêt.

sista hållplatsen
['sista 'holʲplʲatsən]

Vill du vara snäll och stanna här, tack.
[vilʲ dʉ: 'vaːra snɛlʲ o 'stana hæːr, tak]

Ursäkta mig, detta är min hållplats.
[ʉ:'ʂɛkta mɛj, 'deta ær min 'holʲplʲats]

Train

train	**tåg** [to:g]
train de banlieue	**lokaltåg** [lʲoˈkalʲ to:g]
train de grande ligne	**fjärrtåg** [ˈfʲærˌto:g]
la gare	**tågstation** ['to:g staˈɧuːn]
Excusez-moi, où est la sortie vers les quais?	**Ursäkta mig, var är utgången till perrongen?** [ʉːˈʂɛkta mɛj, var ær ˈʉtgoːŋən tilʲ peˈroŋən?]

Est-ce que ce train va à ...?	**Går det här tåget till ...?** [goːr dɛ hæːr ˈtoːget tilʲ ...?]
le prochain train	**nästa tåg** ['nɛsta to:g]
À quelle heure est le prochain train?	**När går nästa tåg?** [nɛr goːr ˈnɛsta to:g?]

Où puis-je voir l'horaire?	**Var kan jag se tidtabellen?** [var kan ja se tid tabɛlʲen?]
De quel quai?	**Från vilken perrong?** [fron ˈvilʲkən peˈroŋ?]
À quelle heure arrive le train à ...?	**När ankommer tåget till ...?** [nɛr ˈankomer ˈtoːget tilʲ ...?]

Pouvez-vous m'aider, s'il vous plaît?	**Snälla hjälp mig.** ['snɛlʲa jɛlʲp mɛj]
Je cherche ma place.	**Jag letar efter min plats.** [ja ˈlʲetar ˈɛftər min plʲats]
Nous cherchons nos places.	**Vi letar efter våra platser.** [vi ˈlʲetar ˈɛftə ˈvoːra ˈplʲatsər]

Ma place est occupée.	**Min plats är upptagen.** [min plʲats ær upˈtaːgen]
Nos places sont occupées.	**Våra platser är upptagna.** ['voːra ˈplʲatsər ær upˈtagna]
Excusez-moi, mais c'est ma place.	**Jag är ledsen, men det här är min plats.** [ja ær ˈlʲesən, men dɛ hæːr ær min plʲats]

Est-ce que cette place est libre?

Är den här platsen upptagen?
[ɛr den hæːr ˈplʲatsən upˈtaːɡən?]

Puis-je m'asseoir ici?

Kan jag sitta här?
[kan ja ˈsita hæːr?]

Sur le train - Dialogue (Pas de billet)

Votre billet, s'il vous plaît.	**Biljetten, tack.** [bi'lʲetən, tak]
Je n'ai pas de billet.	**Jag har ingen biljett.** [ja har 'iŋen bi'lʲet]
J'ai perdu mon billet.	**Jag har förlorat min biljett.** [ja har fø:[ʲorat min bi'lʲet]
J'ai oublié mon billet à la maison.	**Jag har glömt min biljett hemma.** [ja har 'glʲømt min bi'lʲet 'hɛma]
Vous pouvez m'acheter un billet.	**Du kan köpa biljett av mig.** [dʉ: kan 'çøpa bi'lʲet av mɛj]
Vous devrez aussi payer une amende.	**Du kommer också behöva betala böter.** [dʉ: 'komər 'ukso be'høva be'talʲa 'bøtər]
D'accord.	**Okej.** [ɔ'kej]
Où allez-vous?	**Vart ska du?** [va:ʈ ska: dʉ:?]
Je vais à …	**Jag ska till …** [ja ska tilʲ …]
Combien? Je ne comprend pas.	**Hur mycket? Jag förstår inte.** [hʉ: 'mʏke? ja fø:'ʂto:r 'intə]
Pouvez-vous l'écrire, s'il vous plaît.	**Vill du skriva det.** [vilʲ dʉ: 'skri:va dɛ]
D'accord. Puis-je payer avec la carte?	**Bra. Kan jag betala med kreditkort?** [bra:. kan ja be'talʲa me kre'dit ko:ʈ?]
Oui, bien sûr.	**Ja, det kan du.** [ja, dɛ kan dʉ]
Voici votre reçu.	**Här är ert kvitto.** [hæ:r ær e:ʈ 'kvito]
Désolé pour l'amende.	**Jag beklagar bötesavgiften.** [ja be'klʲagar bøtesav 'jiftən]
Ça va. C'est de ma faute.	**Det är okej. Det var mitt fel.** [de: ær ɔ'kej. dɛ var mit felʲ]
Bon voyage.	**Ha en trevlig resa.** [ha en 'trɛvlig 'resa]

Taxi

taxi	**taxi** ['taksi]
chauffeur de taxi	**taxichaufför** ['taksi ʂoˈføːr]
prendre un taxi	**att ta en taxi** [at ta en 'taksi]
arrêt de taxi	**taxistation** ['taksi staˈɧuːn]
Où puis-je trouver un taxi?	**Var kan jag få tag på en taxi?** [var kan ja fo tag pɔ en 'taksi?]
appeler un taxi	**att ringa en taxi** [at 'riŋa en 'taksi]
Il me faut un taxi.	**Jag behöver en taxi.** [ja beˈhøvər en 'taksi]
maintenant	**Omedelbart.** [uˈmedelʲbaːt]
Quelle est votre adresse?	**Vad har du för adress?** [vad har dʉ: før aˈdrɛs?]
Mon adresse est ...	**Min adress är ...** [min aˈdrɛs ær ...]
Votre destination?	**Vart ska du åka?** [vaːʈ ska dʉ: oka?]
Excusez-moi, ...	**Ursäkta mig, ...** [ʉːˈʂɛkta mɛj, ...]
Vous êtes libre ?	**Är du ledig?** [ɛr dʉ: 'lʲeːdig?]
Combien ça coûte pour aller à ...?	**Vad kostar det att åka till ...?** [vad 'kostar dɛ at 'oːka tilʲ ...?]
Vous savez où ça se trouve?	**Vet du var det ligger?** [vet dʉ: var dɛ 'ligər?]
À l'aéroport, s'il vous plaît.	**Till flygplatsen, tack.** [tilʲ 'flʲyg 'plʲatsən, tak]
Arrêtez ici, s'il vous plaît.	**Kan du stanna här, tack.** [kan dʉ: 'stana hæːr, tak]
Ce n'est pas ici.	**Det är inte här.** [de: ær 'intə hɛr]
C'est la mauvaise adresse.	**Det här är fel adress.** [de: hæːr ær felʲ aˈdrɛs]
tournez à gauche	**Sväng vänster.** ['svɛŋ 'vɛnstər]
tournez à droite	**Sväng höger.** ['svɛŋ 'høgər]

Combien je vous dois?

Hur mycket är jag skyldig?
[hʉ: 'mʏke ær ja 'ɧʏlʲdig?]

J'aimerais avoir un reçu, s'il vous plaît.

Jag skulle vilja ha ett kvitto, tack.
[ja 'skʉlʲe 'vilja ha et 'kvito, tak]

Gardez la monnaie.

Behåll växeln.
[be'holʲ 'vɛkselʲn]

Attendez-moi, s'il vous plaît …

Vill du vara vänlig och vänta på mig?
[vilʲ dʉ: 'va:ra 'vɛnlig o vɛnta pɔ mɛj?]

cinq minutes

fem minuter
[fem mi'nʉ:tər]

dix minutes

tio minuter
['ti:o mi'nʉ:tər]

quinze minutes

femton minuter
['femtɔn mi'nʉ:tər]

vingt minutes

tjugo minuter
['ɕʉ:go mi'nʉ:ter]

une demi-heure

en halvtimme
[en 'halʲv'timə]

Hôtel

Bonjour.

Hej
[hɛj]

Je m'appelle ...

Jag heter ...
[ja 'hetər ...]

J'ai réservé une chambre.

Jag har bokat.
[ja har 'bokat]

Je voudrais ...

Jag behöver ...
[ja be'høvər ...]

une chambre simple

ett enkelrum
[et 'ɛnkəlʲ ru:m]

une chambre double

ett dubbelrum
[et 'dubəlʲ ru:m]

C'est combien?

Hur mycket kostar det?
[hʉ: 'mʏke 'kostar dɛ?]

C'est un peu cher.

Det är lite dyrt.
[de: ær 'lʲitə dy:t]

Avez-vous autre chose?

Har du några andra alternativ?
[har dʉ: 'nogra 'andra alʲterna'tiv?]

Je vais la prendre.

Jag tar det.
[ja tar dɛ]

Je vais payer comptant.

Jag betalar kontant.
[ja be'talʲar kon'tant]

J'ai un problème.

Jag har ett problem.
[ja har et prɔ'blʲem]

Mon ... est cassé /Ma ... est cassée/

... är trasig.
[... ær 'trasig]

Mon /Ma/ ... ne fonctionne pas.

... fungerar inte.
[... fʉ'ŋerar 'intə]

télé

min TV
[min 'teve]

air conditionné

min luftkonditionering
[min 'lʲʉft kondiɲu'nɛriŋ]

robinet

min kran
[min kran]

douche

min dusch
[min dʉʂ]

évier

mitt handfat
[mit 'handfa:t]

coffre-fort

mitt kassaskåp
[mit 'kasa,sko:p]

serrure de porte	**mitt dörrlås** [mit 'dørlʲos]
prise électrique	**mitt eluttag** [mit ɛlʲʉ:tag]
sèche-cheveux	**min hårtork** [min 'hoːʈork]

Je n'ai pas ...	**Jag har ...** [ja har ...]
d'eau	**inget vatten** ['iŋet 'vatən]
de lumière	**inget ljus** ['iŋet jʉːs]
d'électricité	**ingen elektricitet** [iŋen ɛlʲektrisi'tet]

Pouvez-vous me donner ...?	**Skulle du kunna ge mig ...?** ['skʉlʲe dʉ: 'kuna je mɛj ...?]
une serviette	**en handduk** [en 'haŋdʉ:k]
une couverture	**en filt** [en filʲt]
des pantoufles	**tofflor** ['toflʲor]

une robe de chambre	**en badrock** [en 'badrok]
du shampoing	**schampo** ['ʂampo]
du savon	**tvål** [tvoːlʲ]

Je voudrais changer ma chambre.	**Jag skulle vilja byta rum.** [ja 'skʉlʲe 'vilja 'byːta ruːm]
Je ne trouve pas ma clé.	**Jag hittar inte min nyckel.** [ja 'hitar 'inte min 'nʏkəlʲ]
Pourriez-vous ouvrir ma chambre, s'il vous plaît?	**Skulle du kunna öppna mitt rum, tack?** ['skʉlʲe dʉ: 'kuna 'øpna mit rum, tak?]
Qui est là?	**Vem är det?** [vem ær dɛ?]

Entrez!	**Kom in!** [kom 'in!]
Une minute!	**Ett ögonblick!** [et 'øːgɔnblik!]

Pas maintenant, s'il vous plaît.	**Inte just nu, tack.** ['inte jʉst nʉ:, tak]
Pouvez-vous venir à ma chambre, s'il vous plaît.	**Kom till mitt rum, tack.** [kom tilʲ mit ruːm, tak]

J'aimerais avoir le service d'étage.	**Jag skulle vilja beställa mat via rumsservice.** [ja 'skɵlle 'vilja be'stɛlˈa mat via 'ruːmsøːvis]
Mon numéro de chambre est le ...	**Mitt rumsnummer är ...** [mit 'ruːms'nɵmer ær ...]

Je pars ...	**Jag reser ...** [ja 're:sər ...]
Nous partons ...	**Vi reser ...** [vi: 're:sər ...]
maintenant	**just nu** ['jɵst nɵ:]
cet après-midi	**i eftermiddag** [i 'ɛftə mid'da:g]
ce soir	**ikväll** [i:kvɛlʲ]
demain	**imorgon** [i'mɔrgɔn]
demain matin	**imorgon på morgonen** [i'mɔrgɔn pɔ 'mɔrgɔnən]
demain après-midi	**imorgon på kvällen** [i'mɔrgɔn pɔ 'kvɛlʲen]
après-demain	**i övermorgon** [i 'øːvəˌmɔrgɔn]

Je voudrais régler mon compte.	**Jag skulle vilja betala.** [ja 'skɵlle 'vilja be'ta:lʲa]
Tout était merveilleux.	**Allt var fantastiskt.** [alʲt var fan'tastiskt]
Où puis-je trouver un taxi?	**Var kan jag få tag på en taxi?** [var kan ja fo tag pɔ en 'taksi?]
Pourriez-vous m'appeler un taxi, s'il vous plaît?	**Skulle du vilja vara snäll och ringa en taxi åt mig?** ['skɵlle dɵ: vilja 'va:ra snɛlʲ o 'riŋa en 'taksi ot mɛj?]

Restaurant

Puis-je voir le menu, s'il vous plaît?	**Kan jag få se menyn, tack?** [kan ja fo se me'nyn, tak?]
Une table pour une personne.	**Ett bord för en.** [et bo:d før en]
Nous sommes deux (trois, quatre).	**Vi är två (tre, fyra) personer.** [vi: ær tvo: (tre, 'fy:ra) pɛ:'ʂu:nər]

Fumeurs	**Rökare** ['røkarə]
Non-fumeurs	**Icke rökare** ['ike røkarə]
S'il vous plaît!	**Ursäkta!** [ʉ:'sɛkta!]
menu	**meny** [me'ny:]
carte des vins	**vinlista** ['vi:nlista]
Le menu, s'il vous plaît.	**Menyn, tack.** [me'nyn, tak]

Êtes-vous prêts à commander?	**Är ni redo att beställa?** [ɛr ni 'redo at be'stɛliˈa?]
Qu'allez-vous prendre?	**Vad önskar du?** [vad 'ønskar dʉ:?]
Je vais prendre ...	**Jag tar ...** [ja tar ...]

Je suis végétarien.	**Jag är vegetarian.** [ja ær vegetariˈa:n]
viande	**kött** [ɕø:t]
poisson	**fisk** ['fisk]
légumes	**grönsaker** ['grøn'sakər]

Avez-vous des plats végétariens?	**Har ni vegetariska rätter?** [har ni vege'ta:riska 'rɛtər?]
Je ne mange pas de porc.	**Jag äter inte kött.** [ja 'ɛ:ter 'intə ɕøt]
Il /elle/ ne mange pas de viande.	**Han /hon/ äter inte kött.** [han /hon/ 'ɛ:tər 'intə ɕøt]
Je suis allergique à ...	**Jag är allergisk mot ...** [ja ær a'lˈɛrgisk mut ...]

Pourriez-vous m'apporter ..., s'il vous plaît.	**Skulle du kunna ge mig ...** ['skɵlʲe dɵ: 'kuna je mɛj ...]
le sel | le poivre | du sucre	**salt | peppar | socker** [salʲt | 'pepar | 'sokər]
un café | un thé | un dessert	**kaffe | te | dessert** ['kafə | te | de'sɛ:r]
de l'eau | gazeuse | plate	**vatten | kolsyrat | icke kolsyrat** ['vaten | 'kɔlʲ'sy:rat | 'ike 'kɔlʲ'sy:rat]
une cuillère | une fourchette | un couteau	**en sked | gaffel | kniv** [en ɧed | 'gafəlʲ | kni:v]
une assiette | une serviette	**en tallrik | servett** [en 'talʲrik | ser'vet]

Bon appétit!	**Smaklig måltid!** ['smaklig 'molʲtid!]
Un de plus, s'il vous plaît.	**En /Ett/ ... till tack.** [en /et/ ... tilʲ tak]
C'était délicieux.	**Det var utsökt.** [dɛ var 'ɵtsøkt]

l'addition | de la monnaie | le pourboire	**nota | växel | dricks** ['no:ta | 'vɛksəlʲ | driks]
L'addition, s'il vous plaît.	**Notan, tack.** ['no:tan, tak]
Puis-je payer avec la carte?	**Kan jag betala med kreditkort?** [kan ja be'talʲa me kre'dit ko:ʈ?]
Excusez-moi, je crois qu'il y a une erreur ici.	**Jag beklagar, det är ett misstag här.** [ja be'klʲagar, dɛ ær et 'mistag hæ:r]

Shopping. Faire les Magasins

Est-ce que je peux vous aider?

Kan jag hjälpa dig?
[kan ja ˈjɛlˈpa dɛj?]

Avez-vous … ?

Har ni …?
[har ni …?]

Je cherche …

Jag letar efter …
[ja ˈlˈetar ˈɛftər …]

Il me faut …

Jag behöver …
[ja beˈhøvər …]

Je regarde seulement, merci.

Jag tittar bara.
[ja ˈtitar ˈbaːra]

Nous regardons seulement, merci.

Vi tittar bara.
[vi ˈtitar ˈbaːra]

Je reviendrai plus tard.

Jag kommer tillbaka senare.
[ja ˈkomər tilˈbaka ˈsenarə]

On reviendra plus tard.

Vi kommer tillbaka senare.
[vi ˈkomer tilˈbaka ˈsenarə]

Rabais | Soldes

rabatt I rea
[raˈbat | ˈreːa]

Montrez-moi, s'il vous plaît …

Skulle du kunna visa mig …
[ˈskɵlˈe dɵ: ˈkuna ˈviːsa mɛj …]

Donnez-moi, s'il vous plaît …

Skulle du kunna ge mig …
[ˈskɵlˈe dɵ: ˈkuna je mɛj …]

Est-ce que je peux l'essayer?

Kan jag prova?
[kan ja ˈpruːva?]

Excusez-moi, où est la cabine d'essayage?

Ursäkta mig, var finns provrummen?
[ɵ:ˈsɛkta mɛj, var fins ˈpruvˌrumən?]

Quelle couleur aimeriez-vous?

Vilken färg vill du ha?
[ˈvilˈkən ˈfæːrj vilˈ dɵ: ha?]

taille | longueur

storlek I längd
[ˈstorlˈek | lˈɛŋd]

Est-ce que la taille convient ?

Hur sitter den?
[hɵ: ˈsitər den?]

Combien ça coûte?

Hur mycket kostar det?
[hɵ: ˈmʏke ˈkostar dɛ?]

C'est trop cher.

Det är för dyrt.
[de: ær før dy:t]

Je vais le prendre.

Jag tar den (det, dem).
[ja tar den (dɛ, dem)]

Excusez-moi, où est la caisse?

Ursäkta mig, var betalar man?
[ɵ:ˈsɛkta mɛj, var beˈtalˈar man?]

Payerez-vous comptant ou par carte de crédit?

Betalar du kontant eller med kreditkort?
[be'talʲar dʉ: kon'tant elʲe me kre'dit ko:ʈ?]

Comptant | par carte de crédit

Kontant I med kreditkort
[kon'tant | me kre'dit ko:ʈ]

Voulez-vous un reçu?

Vill du ha kvittot?
[vilʲ dʉ: ha: 'kvitot?]

Oui, s'il vous plaît.

Ja, tack.
[ja, tak]

Non, ce n'est pas nécessaire.

Nej, det behövs inte.
[nɛj, dɛ bɛhøvs 'inte]

Merci. Bonne journée!

Tack. Ha en bra dag!
[tak. ha en bra: dag!]

En ville

Excusez-moi, ...	**Ursäkta mig.** [ʉ:'ṣɛkta mɛj]
Je cherche ...	**Jag letar efter ...** [ja 'lʲetar 'ɛftər ...]
le métro	**tunnelbanan** ['tʉnəlʲ 'ba:nan]
mon hôtel	**mitt hotell** [mit ho'telʲ]
le cinéma	**biografen** [bio'grafən]
un arrêt de taxi	**en taxistation** [en 'taksi sta'ŋu:n]
un distributeur ₁	**en uttagsautomat** [en ʉ:'ta:gs auto'mat]
un bureau de change	**ett växlingskontor** [et 'vɛksliŋs kon'tu:r]
un café internet	**ett internetkafé** [et 'internet ka'fe]
la rue ...	**... gatan** [... 'gatan]
cette place-ci	**den här platsen** [den hæ:r 'plʲatsən]
Savez-vous où se trouve ...?	**Vet du var ... ligger?** [vet dʉ: var ... 'ligər?]
Quelle est cette rue?	**Vilken gata är det här?** ['vilʲkən gata ær dɛ hæ:r?]
Montrez-moi où sommes-nous, s'il vous plaît.	**Kan du visa mig var vi är nu.** [kan dʉ: 'vi:sa mɛj var vi ær nʉ:]
Est-ce que je peux y aller à pied?	**Kan jag ta mig dit till fots?** [kan ja ta mɛj dit tilʲ 'fots?]
Avez-vous une carte de la ville?	**Har ni en karta över stan?** [har ni en 'ka:ţa ø:vər stan?]
C'est combien pour un ticket?	**Hur mycket kostar inträdet?** [hʉ: 'mʏke 'kostar intrɛdet?]
Est-ce que je peux faire des photos?	**Får jag fotografera här?** [for ja fʊtʊgra'fera hæ:r?]
Êtes-vous ouvert?	**Har ni öppet?** [har ni øpet?]

À quelle heure ouvrez-vous?   **När öppnar ni?**
                                [nɛr øpnar ni?]

À quelle heure fermez-vous?   **När stänger ni?**
                                [nɛr 'stɛŋər ni?]

L'argent

argent	**pengar** ['peŋar]
argent liquide	**kontanter** [kon'tantər]
des billets	**sedlar** ['sedlʲar]
petite monnaie	**småpengar** ['smo:'peŋar]
l'addition | de la monnaie | le pourboire	**nota I växel I dricks** ['no:ta | 'vɛksəlʲ | driks]

carte de crédit	**kreditkort** [kre'dit ko:t]
portefeuille	**plånbok** ['plʲo:nbʊk]
acheter	**att köpa** [at 'ɕøpa]
payer	**att betala** [at be'talʲa]
amende	**böter** ['bøter]
gratuit	**gratis** ['gratis]

Où puis-je acheter ... ?	**Var kan jag köpa ...?** [var kan ja 'ɕøpa ...?]
Est-ce que la banque est ouverte en ce moment?	**Är banken öppen nu?** [ɛr 'bankøen 'øpen nʉ:?]
À quelle heure ouvre-t-elle?	**När öppnar den?** [nɛr øpnar dɛn?]
À quelle heure ferme-t-elle?	**När stänger den?** [nɛr 'stɛŋər den?]

C'est combien?	**Hur mycket?** [hʉ: 'mʏke?]
Combien ça coûte?	**Hur mycket kostar den här?** [hʉ: 'mʏke 'kostar den hæ:r?]
C'est trop cher.	**Det är för dyrt.** [de: ær før dy:t]

Excusez-moi, où est la caisse?	**Ursäkta mig, var betalar man?** [ʉ:'ʂɛkta mɛj, var be'talʲar man?]
L'addition, s'il vous plaît.	**Notan, tack.** ['no:tan, tak]

Puis-je payer avec la carte?

Kan jag betala med kreditkort?
[kan ja be'talʲa me kre'dit ko:ʈ?]

Est-ce qu'il y a un distributeur ici?

Finns det en uttagsautomat här?
[fins dɛ en 'ʉtags auto'mat hæ:r?]

Je cherche un distributeur.

Jag letar efter en uttagsautomat.
[ja 'lʲetar 'ɛftər en ʉ:'tags auto'mat]

Je cherche un bureau de change.

Jag letar efter ett växlingskontor.
[ja 'lʲetar 'ɛftər et 'vɛksliŋs kon'tu:r]

Je voudrais changer ...

Jag skulle vilja växla ...
[ja 'skʉlʲe 'vilja 'vɛkslʲa ...]

Quel est le taux de change?

Vad är växlingskursen?
[vad ær 'vɛksliŋs 'kʉ:ʂən?]

Avez-vous besoin de mon passeport?

Behöver du mitt pass?
[be'høvər dʉ: mit pas?]

Le temps

Quelle heure est-il?	**Vad är klockan?** [vad ær 'klʲokan?]
Quand?	**När?** [nɛr?]

À quelle heure?	**Vid vilken tid?** [vid 'vilʲkən tid?]
maintenant | plus tard | après …	**nu I senare I efter …** [nʉ: | 'senarə | 'ɛftər …]

une heure	**klockan ett** ['klʲokan et]
une heure et quart	**kvart över ett** [kvaːʈ 'øːvər et]
une heure et demie	**halv två** [halʲv tvoː]
deux heures moins quart	**kvart i två** [kvaːʈ i tvoː]

un | deux | trois	**ett I två I tre** [et | tvoː: | tre]
quatre | cinq | six	**fyra I fem I sex** ['fyːra | fem | sɛks]
sept | huit | neuf	**sju I åtta I nio** [ɧʉ: | 'ota | 'niːo]
dix | onze | douze	**tio I elva I tolv** ['tiːo | 'elʲva | tolʲv]

dans …	**om …** [om …]
cinq minutes	**fem minuter** [fem mi'nʉːtər]
dix minutes	**tio minuter** ['tiːo mi'nʉːtər]
quinze minutes	**femton minuter** ['femton mi'nʉːtər]
vingt minutes	**tjugo minuter** ['ɕʉːgo mi'nʉːter]

une demi-heure	**en halvtimme** [en 'halʲv'timə]
une heure	**en timme** [en 'timə]

dans la matinée	**på morgonen** [pɔ 'mɔrgɔnən]
tôt le matin	**tidigt på morgonen** ['tidit pɔ 'mɔrgɔnən]
ce matin	**den här morgonen** [den hæ:r 'mɔrgɔnən]
demain matin	**imorgon på morgonen** [i'mɔrgɔn pɔ 'mɔrgɔnən]

à midi	**mitt på dagen** [mit pɔ 'dagən]
dans l'après-midi	**på eftermiddagen** [pɔ 'ɛftə mid'dagən]
dans la soirée	**på kvällen** [pɔ 'kvɛlʲen]
ce soir	**ikväll** [i:kvɛlʲ]

la nuit	**på natten** [pɔ 'natən]
hier	**i går** [i gɔ:r]
aujourd'hui	**idag** [ida:g]
demain	**imorgon** [i'mɔrgɔn]
après-demain	**i övermorgon** [i 'ø:və‚mɔrgɔn]

Quel jour sommes-nous aujourd'hui?	**Vad är det för dag idag?** [vad ær dɛ før da:g 'ida:g?]
Nous sommes ...	**Det är ...** [de: ær ...]
lundi	**måndag** ['mɔndag]
mardi	**tisdag** ['ti:sdag]
mercredi	**onsdag** ['onsdag]

jeudi	**torsdag** ['to:ṣdag]
vendredi	**fredag** ['fre:dag]
samedi	**lördag** ['lʲø:ḍag]
dimanche	**söndag** ['sœndag]

Salutations - Introductions

Bonjour.	**Hej** [hɛj]
Enchanté /Enchantée/	**Trevligt att träffas.** ['trɛvligt at trɛfas]
Moi aussi.	**Detsamma.** [de'sama]
Je voudrais vous présenter …	**Jag skulle vilja träffa …** [ja 'skɵlʲe 'vilja 'trɛfa …]
Ravi /Ravie/ de vous rencontrer.	**Trevligt att träffas.** ['trɛvligt at trɛfas]

Comment allez-vous?	**Hur står det till?** [hɵ: sto: dɛ tilʲ?]
Je m'appelle …	**Jag heter …** [ja 'hetər …]
Il s'appelle …	**Han heter …** [han 'hetər …]
Elle s'appelle …	**Hon heter …** [hon 'hetər …]

Comment vous appelez-vous?	**Vad heter du?** [vad 'hetər dɵ:?]
Quel est son nom?	**Vad heter han?** [vad 'hetər han?]
Quel est son nom?	**Vad heter hon?** [vad 'hetər hon?]

Quel est votre nom de famille?	**Vad heter du i efternamn?** [vad 'hetər dɵ: i 'ɛftə‚ŋamn?]
Vous pouvez m'appeler …	**Du kan kalla mig …** [dɵ: kan 'kalʲa mɛj …]
D'où êtes-vous?	**Varifrån kommer du?** ['varifron 'koməer dɵ:?]
Je suis de …	**Jag kommer från …** [ja 'komər fron …]
Qu'est-ce que vous faites dans la vie?	**Vad arbetar du med?** [vad ar'betar dɵ: me:?]

Qui est-ce?	**Vem är det här?** [vem ær dɛ hæ:r?]
Qui est-il?	**Vem är han?** [vem ær han?]
Qui est-elle?	**Vem är hon?** [vem ær hon?]

Qui sont-ils?	**Vilka är de?** ['vilʲka ær dom?]
C'est ...	**Det här är ...** [de: hæ:r ær ...]
mon ami	**min vän** [min vɛn]
mon amie	**min väninna** [min vɛ'nina]
mon mari	**min man** [min man]
ma femme	**min fru** [min frʉ:]
mon père	**min far** [min fa:r]
ma mère	**min mor** [min mo:r]
mon frère	**min bror** [min 'bru:r]
ma sœur	**min syster** [min 'sʏstər]
mon fils	**min son** [min so:n]
ma fille	**min dotter** [min 'dotər]
C'est notre fils.	**Det här är vår son.** [de: hæ:r ær vor son]
C'est notre fille.	**Det här är vår dotter.** [de: hæ:r ær vor 'dotər]
Ce sont mes enfants.	**Det här är mina barn.** [de: hæ:r ær 'mina ba:ɳ]
Ce sont nos enfants.	**Det här är våra barn.** [de: hæ:r ær 'vo:ra ba:ɳ]

Les adieux

Au revoir!	**På återseende! Hej då!** [pɔ ote:'ʂeəndəl hɛj do:l]
Salut!	**Hej då!** [hɛj do:l]
À demain.	**Vi ses imorgon.** [vi ses i'mɔrgɔn]
À bientôt.	**Vi ses snart.** [vi ses sna:t]
On se revoit à sept heures.	**Vi ses klockan sju.** [vi ses 'klˑokan ɧʉ:]

Amusez-vous bien!	**Ha det så roligt!** [ha dɛ so 'roligt!]
On se voit plus tard.	**Vi hörs senare.** [vi høːʂ 'senarə]
Bonne fin de semaine.	**Ha en trevlig helg.** [ha en 'trɛvlig helj]
Bonne nuit.	**Godnatt.** [god'nat]

Il est l'heure que je parte.	**Det är dags för mig att ge mig av.** [de: ær daːgs før mɛj at je mɛj av]
Je dois m'en aller.	**Jag behöver ge mig av.** [ja be'høvər je mɛj av]
Je reviens tout de suite.	**Jag kommer strax tillbaka.** [ja 'komər straks tilˑ'baka]

Il est tard.	**Det är sent.** [de: ær sɛnt]
Je dois me lever tôt.	**Jag måste gå upp tidigt.** [ja 'mostə go up 'tidit]
Je pars demain.	**Jag ger mig av imorgon.** [ja jer mɛj av i'mɔrgɔn]
Nous partons demain.	**Vi ger oss av imorgon.** [vi jeːr os av i'mɔrgɔn]

Bon voyage!	**Trevlig resa!** ['trɛvlig 'resa!]
Enchanté de faire votre connaissance.	**Det var trevligt att träffas.** [dɛ var 'trɛvligt at trɛfas]
Heureux /Heureuse/ d'avoir parlé avec vous.	**Det var trevligt att prata med dig.** [de: var 'trɛvligt at 'praːta me dɛj]
Merci pour tout.	**Tack för allt.** [tak før alˑt]

Je me suis vraiment amusé /amusée/

Jag hade väldigt trevligt.
[ja 'hadə 'vɛlʲdigt 'trɛvligt]

Nous nous sommes vraiment
amusés /amusées/

Vi hade väldigt trevligt.
[vi 'hade 'vɛlʲdigt 'trɛvligt]

C'était vraiment plaisant.

Det var verkligen trevligt.
[dɛ var 'vɛrkligən 'trɛvligt]

Vous allez me manquer.

Jag kommer att sakna dig.
[ja 'komər at 'sakna dɛj]

Vous allez nous manquer.

Vi kommer att sakna dig.
[vi 'komer at 'sakna dɛj]

Bonne chance!

Lycka till!
['lʲʏka tilʲ!]

Mes salutations à ...

Hälsa till ...
['hɛlʲsa tilʲ ...]

Une langue étrangère

Je ne comprends pas.	**Jag förstår inte.** [ja fø:'ʂtoːr 'intə]
Écrivez-le, s'il vous plaît.	**Skulle du kunna skriva ner det.** ['skɵlʲe dɵː 'kuna 'skriːva ner dɛ]
Parlez-vous ...?	**Talar du ...** ['talʲar dɵː ...]

Je parle un peu ...	**Jag talar lite ...** [ja 'talʲar 'lʲitə ...]
anglais	**engelska** ['ɛŋelʲska]
turc	**turkiska** ['tɵrkiska]
arabe	**arabiska** [a'rabiska]
français	**franska** ['franska]

allemand	**tyska** ['tʏska]
italien	**italienska** [ita'ljeːnska]
espagnol	**spanska** ['spanska]
portugais	**portugisiska** [poːtɵ'giːsiska]
chinois	**kinesiska** [ɕi'nesiska]
japonais	**japanska** [ja'paːnska]

Pouvez-vous le répéter, s'il vous plaît.	**Kan du upprepa det, tack.** [kan dɵː 'uprepa dɛ, tak]
Je comprends.	**Jag förstår.** [ja fø:'ʂtoːr]
Je ne comprends pas.	**Jag förstår inte.** [ja fø:'ʂtoːr 'intə]
Parlez plus lentement, s'il vous plaît.	**Kan du prata långsammare, tack.** [kan dɵː 'praːta lʲoːŋ'samarə, tak]

Est-ce que c'est correct?	**Är det rätt?** [ɛr dɛ rɛt?]
Qu'est-ce que c'est?	**Vad är det här?** [vad ær dɛ hɛr?]

Les excuses

Excusez-moi, s'il vous plaît.

Ursäkta mig.
[ʉ:'ʂɛkta mɛj]

Je suis désolé /désolée/

Jag är ledsen.
[ja ær 'ⁱesən]

Je suis vraiment /désolée/

Jag är verkligen ledsen.
[ja ær 'vɛrkligən 'ⁱesen]

Désolé /Désolée/, c'est ma faute.

Jag är ledsen, det är mitt fel.
[ja ær 'ⁱesən, dɛ ær mit feⁱ]

Au temps pour moi.

Det är jag som har gjort ett misstag.
[de: ær ja som har jo:ʈ et 'mistag]

Puis-je ... ?

Får jag ... ?
[for ja: ...?]

Ça vous dérange si je ...?

Har du något emot om jag ...?
[har dʉ: 'no:gɔt ɛ'mo:t om ja ...?]

Ce n'est pas grave.

Det är okej.
[de: ær ɔ'kej]

Ça va.

Det är okej.
[de: ær ɔ'kej]

Ne vous inquiétez pas.

Tänk inte på det.
[tɛnk 'intə po dɛ]

Les accords

Oui	**Ja** [ja]
Oui, bien sûr.	**Ja, säkert.** [ja, 'sɛ:ket]
Bien.	**Bra!** [bra:!]
Très bien.	**Mycket bra.** ['mʏke bra:]
Bien sûr!	**Ja visst!** [ja vist!]
Je suis d'accord.	**Jag håller med.** [ja 'holʲer me:]
C'est correct.	**Det stämmer.** [de: 'stɛmər]
C'est exact.	**Det är rätt.** [de: ær rɛt]
Vous avez raison.	**Du har rätt.** [dʉ: har rɛt]
Je ne suis pas contre.	**Jag har inget emot det.** [ja har 'iŋet ɛ'mo:t dɛ]
Tout à fait correct.	**Det stämmer helt.** [de: 'stɛmər helʲt]
C'est possible.	**Det är möjligt.** [de: ær 'møjligt]
C'est une bonne idée.	**Det är en bra idé.** [de: ær en bra: i'de:]
Je ne peux pas dire non.	**Jag kan inte säga nej.** [ja kan 'intə 'sɛja nɛj]
J'en serai ravi /ravie/	**Det gör jag gärna.** [de: jør ja 'jæ:ŋa]
Avec plaisir.	**Med nöje.** [me 'nøje]

Refus, exprimer le doute

Non	**Nej** [nɛj]
Absolument pas.	**Verkligen inte.** ['vɛrkligən 'intə]
Je ne suis pas d'accord.	**Jag håller inte med.** [ja 'holʲer 'intə me:]
Je ne le crois pas.	**Jag tror inte det.** [ja tror 'intə dɛ]
Ce n'est pas vrai.	**Det är inte sant.** [de: ær 'intə sant]
Vous avez tort.	**Du har fel.** [dʉ: har felʲ]
Je pense que vous avez tort.	**Jag tycker att du har fel.** [ja 'tʏkər at dʉ: har felʲ]
Je ne suis pas sûr /sûre/	**Jag är inte säker.** [ja ær 'intə 'sɛ:kər]
C'est impossible.	**Det är omöjligt.** [de: ær u:'mœjligt]
Pas du tout!	**Absolut inte!** [abso'lʲʉt 'intə!]
Au contraire!	**Raka motsatsen.** ['ra:ka 'mo:tsatsən]
Je suis contre.	**Jag är emot det.** [ja ær ɛ'mo:t dɛ]
Ça m'est égal.	**Jag bryr mig inte om det.** [ja bry:r mɛj 'intə om dɛ]
Je n'ai aucune idée.	**Jag har ingen aning.** [ja har 'iŋən 'aniŋ]
Je doute que cela soit ainsi.	**Jag betvivlar det.** [ja bet'vivlʲar dɛ]
Désolé /Désolée/, je ne peux pas.	**Jag är ledsen, det kan jag inte.** [ja ær 'lʲesən, dɛ kan ja 'intə]
Désolé /Désolée/, je ne veux pas.	**Jag är ledsen, det vill jag inte.** [ja ær 'lʲesən, dɛ vilʲ ja 'intə]
Merci, mais ça ne m'intéresse pas.	**Nej, tack.** [nɛj, tak]
Il se fait tard.	**Det börjar bli sent.** [de: 'børjar bli sɛnt]

Je dois me lever tôt.

Jag måste gå upp tidigt.
[ja 'moste go up 'tidit]

Je ne me sens pas bien.

Jag mår inte bra.
[ja mor 'inte bra:]

Exprimer la gratitude

Merci.	**Tack** [tak]
Merci beaucoup.	**Tack så mycket.** [tak so 'mʏke]
Je l'apprécie beaucoup.	**Jag uppskattar det verkligen.** [ja 'upskatar dɛ 'vɛrkligən]
Je vous suis très reconnaissant.	**Jag är verkligen tacksam mot dig.** [ja ær 'vɛrkligən 'taksam mot dɛj]
Nous vous sommes très reconnaissant.	**Vi är verkligen tacksamma mot dig.** [viː ær 'vɛrkligən 'taksama moːt dɛj]

Merci pour votre temps.	**Tack för dig stund.** [tak før dɛj stund]
Merci pour tout.	**Tack för allt.** [tak før alᶥt]
Merci pour ...	**Tack för ...** [tak før ...]
votre aide	**din hjälp** [din jɛlᶥp]
les bons moments passés	**en trevlig tid** [en 'trɛvlig tid]

un repas merveilleux	**en fantastisk måltid** [en fan'tastisk 'molᶥtid]
cette agréable soirée	**en trevlig kväll** [en 'trɛvlig kvɛlᶥ]
cette merveilleuse journée	**en underbar dag** [en 'undəbar daːg]
une excursion extraordinaire	**en fantastisk resa** [en fan'tastisk 'resa]

Il n'y a pas de quoi.	**Ingen orsak.** ['iŋen 'uːʂak]
Vous êtes les bienvenus.	**Väl bekomme.** [vɛlᶥ be'komə]
Mon plaisir.	**Ingen orsak.** ['iŋen 'uːʂak]
J'ai été heureux /heureuse/ de vous aider.	**Nöjet är helt på min sida.** ['nøjet ær helᶥt po min 'siːda]
Ça va. N'y pensez plus.	**Ingen orsak.** ['iŋen 'uːʂak]
Ne vous inquiétez pas.	**Tänk inte på det.** [tɛnk 'intə po dɛ]

Félicitations. Vœux de fête

Félicitations!	**Gratulationer!** [gratɵlʲa'ʄuːnər!]
Joyeux anniversaire!	**Grattis på födelsedagen!** ['gratis pɔ 'fødelʲsə 'dagen!]
Joyeux Noël!	**God Jul!** [god jɵːlʲ!]
Bonne Année!	**Gott Nytt År!** [got nʏt oːr!]

Joyeuses Pâques!	**Glad Påsk!** [glʲad 'posk!]
Joyeux Hanoukka!	**Glad Chanukka!** [glʲad 'hanɵka!]

Je voudrais proposer un toast.	**Jag skulle vilja utbringa en skål.** [ja 'skɵlʲe 'vilja ɵːt'briŋa en skolʲ]
Santé!	**Skål!** [skolʲ!]
Buvons à …!	**Låt oss dricka för …!** [lʲot os 'drika før …!]
À notre succès!	**För vår framgång!** [før vor 'framgoːŋ!]
À votre succès!	**För dig framgång!** [før dɛj 'framgoːŋ!]

Bonne chance!	**Lycka till!** ['lʲʏka tilʲ!]
Bonne journée!	**Ha en bra dag!** [ha en braː dag!]
Passez de bonnes vacances !	**Ha en bra helg!** [ha en braː helj!]
Bon voyage!	**Säker resa!** ['sɛːkər 'resa!]
Rétablissez-vous vite.	**Krya på dig!** ['krya pɔ dɛj!]

Socialiser

Pourquoi êtes-vous si triste?

Varför är du ledsen?
['va:føːr ær dʉ: 'ⁱɭesən?]

Souriez!

Får jag se ett leende? Upp med hakan!
[for ja se et 'ⁱɭeəndə? up me 'haːkan!]

Êtes-vous libre ce soir?

Är du ledig ikväll?
[ɛr dʉ: 'ⁱɭeːdig iːkvɛlⁱ?]

Puis-je vous offrir un verre?

Får jag bjuda på en drink?
[for ja 'bjʉːda pɔ en drink?]

Voulez-vous danser?

Vill du dansa?
[vilⁱ dʉ: 'dansa?]

Et si on va au cinéma?

Låt oss gå på bio.
[ⁱɭot os go pɔ 'biːo]

Puis-je vous inviter …

Får jag bjuda dig på ...?
[for ja 'bjʉːda dɛj pɔ ...?]

au restaurant

restaurang
[rɛstɔ'raŋ]

au cinéma

bio
['bio]

au théâtre

teater
[te'aːter]

pour une promenade

gå på en promenad
['go pɔ en prome'nad]

À quelle heure?

Vilken tid?
['vilⁱkən tid?]

ce soir

ikväll
[iːkvɛlⁱ]

à six heures

vid sex
[vid 'sɛks]

à sept heures

vid sju
[vid ɧʉː]

à huit heures

vid åtta
[vid 'ota]

à neuf heures

vid nio
[vid 'niːo]

Est-ce que vous aimez cet endroit?

Gillar du det här stället?
['jilⁱar dʉ: dɛ hæːr 'stɛlⁱet?]

Êtes-vous ici avec quelqu'un?

Är du här med någon?
[ɛr dʉ: hæːr me 'noːgon?]

Je suis avec mon ami.

Jag är här med min vän /väninna/.
[ja ær hæːr me min vɛn /vɛ'nina/]

Je suis avec mes amis.	**Jag är här med mina vänner.** [ja ær hæːr me 'mina 'vɛnər]
Non, je suis seul /seule/	**Nej, jag är ensam.** [nɛj, ja ær 'ɛnsam]

As-tu un copain?	**Har du pojkvän?** [har dʉ: 'pojkvɛn?]
J'ai un copain.	**Jag har pojkvän.** [ja har 'pojkvɛn]
As-tu une copine?	**Har du flickvän?** [har dʉ: 'flikvɛn?]
J'ai une copine.	**Jag har flickvän.** [ja har 'flʲikvɛn]

Est-ce que je peux te revoir?	**Får jag träffa dig igen?** [for ja 'trɛfa dɛj i'jen?]
Est-ce que je peux t'appeler?	**Kan jag ringa dig?** [kan ja 'riŋa dɛj?]
Appelle-moi.	**Ring mig.** ['riŋ mɛj]
Quel est ton numéro?	**Vad har du för nummer?** [vad har dʉ: før 'nʉmər?]
Tu me manques.	**Jag saknar dig.** [ja 'saknar dɛj]

Vous avez un très beau nom.	**Du har ett vackert namn.** [dʉ: har et 'vakeːʈ namn]
Je t'aime.	**Jag älskar dig.** [ja 'ɛlʲskər dɛj]
Veux-tu te marier avec moi?	**Vill du gifta dig med mig?** [vilʲ dʉ: 'jifta dɛj me mɛj?]

Vous plaisantez!	**Du skämtar!** [dʉ: 'ɧɛmtar!]
Je plaisante.	**Jag skämtar bara.** [ja 'ɧɛmtar 'baːra]

Êtes-vous sérieux /sérieuse/?	**Menar du allvar?** ['meːnar dʉ: 'alʲvaːr?]
Je suis sérieux /sérieuse/	**Jag menar allvar.** [ja 'meːnar 'alʲvaːr]
Vraiment?!	**Verkligen?!** ['vɛrkligən?!]
C'est incroyable!	**Det är otroligt!** [de: ær uː'troːligt!]
Je ne vous crois pas.	**Jag tror dig inte.** [ja tror dɛj 'intə]

Je ne peux pas.	**Jag kan inte.** [ja kan 'intə]
Je ne sais pas.	**Jag vet inte.** [ja vet 'intə]

Je ne vous comprends pas	**Jag förstår dig inte.** [ja fø:'şto:r dɛj 'intə]
Laissez-moi! Allez-vous-en!	**Var snäll och gå.** [var snɛlʲ o go:]
Laissez-moi tranquille!	**Lämna mig ifred!** ['lʲɛ:mna mɛj ifre:d!]

Je ne le supporte pas.	**Jag står inte ut med honom.** [ja sto:r 'intə ʉt me 'honom]
Vous êtes dégoûtant!	**Du är vedervärdig!** [dʉ: ær 'vedervæ:dig!]
Je vais appeler la police!	**Jag ska ringa polisen!** [ja ska 'riŋa po'lʲi:sən!]

Partager des impressions. Émotions

J'aime ça.	**Jag tycker om det.** [ja ˈtʏkər om dɛ]
C'est gentil.	**Jättefint.** [ˈjɛtefint]
C'est super!	**Det är fantastiskt!** [de: ær fanˈtastiskt!]
C'est assez bien.	**Det är inte illa.** [de: ær ˈintə ˈiˡla]
Je n'aime pas ça.	**Jag gillar det inte.** [ja ˈjiˡar dɛ ˈintəe]
Ce n'est pas bien.	**Det är inte bra.** [de: ær ˈintə bra:]
C'est mauvais.	**Det är illa.** [de: ær ˈiˡa]
Ce n'est pas bien du tout.	**Det är väldigt dåligt.** [de: ær ˈvɛlˡdigt ˈdo:ligt]
C'est dégoûtant.	**Det är förskräckligt.** [de: ær føːˈʂkrɛkligt]
Je suis content /contente/	**Jag är glad.** [ja ær gˡad]
Je suis heureux /heureuse/	**Jag är nöjd.** [ja ær ˈnøjd]
Je suis amoureux /amoureuse/	**Jag är kär.** [ja ær ˈkæ:r]
Je suis calme.	**Jag är lugn.** [ja ær ˈlʉŋn]
Je m'ennuie.	**Jag är uttråkad.** [ja ær ʉtˈtrokad]
Je suis fatigué /fatiguée/	**Jag är trött.** [ja ær trøt]
Je suis triste.	**Jag är ledsen.** [ja ær ˈlˡesən]
J'ai peur.	**Jag är rädd.** [ja ær rɛd]
Je suis fâché /fâchée/	**Jag är arg.** [ja ær arj]
Je suis inquiet /inquiète/	**Jag är orolig.** [ja ær uˈrulig]
Je suis nerveux /nerveuse/	**Jag är nervös.** [ja ær nerˈvøːs]

Je suis jaloux /jalouse/

Jag är svartsjuk.
[ja ær 'svaːtɧʉːk]

Je suis surpris /surprise/

Jag är överraskad.
[ja ær øːvɛ'raskad]

Je suis gêné /gênée/

Jag är förvirrad.
[ja ær før'virad]

Problèmes. Accidents

J'ai un problème.	**Jag har ett problem.** [ja har et prɔ'blʲem]
Nous avons un problème.	**Vi har ett problem.** [vi har et prɔ'blʲem]
Je suis perdu /perdue/	**Jag är vilse.** [ja ær 'vilʲse]
J'ai manqué le dernier bus (train).	**Jag missade sista bussen (tåget).** [ja 'misade 'sista 'busen ('to:get)]
Je n'ai plus d'argent.	**Jag har inga pengar kvar.** [ja har 'iŋa 'peŋar kva:r]

J'ai perdu mon ...	**Jag har förlorat ...** [ja har fø:ǀʲorat ...]
On m'a volé mon ...	**Någon har stulit ...** ['no:gɔn har 'stu:lit ...]

passeport	**mitt pass** [mit pas]
portefeuille	**min plånbok** [min 'plʲo:nbʊk]
papiers	**mina handlingar** ['mina 'handliŋar]
billet	**min biljett** [min bi'lʲet]

argent	**mina pengar** ['mina 'peŋar]
sac à main	**min handväska** [min 'hand‚vɛska]
appareil photo	**min kamera** [min 'ka:mera]
portable	**min laptop** [min 'lʲaptop]
ma tablette	**min surfplatta** [min 'sʉrfplʲata]
mobile	**min mobiltelefon** [min mo'bilʲ telʲe'fɔn]

Au secours!	**Hjälp mig!** ['jɛlʲp mɛj!]
Qu'est-il arrivé?	**Vad har hänt?** [vad har hɛnt?]
un incendie	**brand** [brand]

des coups de feu	**skottlossning** [skot'lʲosniŋ]
un meurtre	**mord** ['moːd̪]
une explosion	**explosion** [ɛksplʲɔ'ɧuːn]
une bagarre	**slagsmål** ['slʲaks moːlʲ]

Appelez la police!	**Ring polisen!** ['riŋ po'liːsən!]
Dépêchez-vous, s'il vous plaît!	**Snälla skynda på!** ['snɛlʲa 'ɧʏnda poː!]
Je cherche le commissariat de police.	**Jag letar efter polisstationen.** [ja 'lʲetar 'ɛftər po'lʲis sta'ɧuːnen]
Il me faut faire un appel.	**Jag behöver ringa ett samtal.** [ja be'høvər 'riŋa et 'samtalʲ]
Puis-je utiliser votre téléphone?	**Får jag använda din telefon?** [for ja 'anvɛnda din telʲe'fɔn?]

J'ai été …	**Jag har blivit …** [ja har 'blivit …]
agressé /agressée/	**rånad** ['ronad]
volé /volée/	**bestulen** [be'stʉːlʲen]
violée	**våldtagen** ['volʲd̪ˌtagən]
attaqué /attaquée/	**angripen** ['aŋripən]

Est-ce que ça va?	**Är det okej med dig?** [ɛr dɛ ɔ'kej me dɛj?]
Avez-vous vu qui c'était?	**Såg du vem det var?** [sog dʉː vɛm dɛ vaːr?]
Pourriez-vous reconnaître cette personne?	**Skulle du kunna känna igen personen?** ['skʉlʲe dʉː 'kuna kɛna ijen pɛ:'ʂuːnen?]
Vous êtes sûr?	**Är du säker?** [ɛr dʉː 'sɛːker?]

Calmez-vous, s'il vous plaît.	**Snälla lugna ner dig.** ['snɛlʲa 'lʲʉnʲa ne dɛj]
Calmez-vous!	**Ta det lugnt!** [ta dɛ lʲʉŋt!]
Ne vous inquiétez pas.	**Oroa dig inte!** ['oːroa dɛj 'intə!]
Tout ira bien.	**Allt kommer att bli bra.** [alʲt 'komər at bli braː]
Ça va. Tout va bien.	**Allt är okej.** [alʲt ær ɔ'kej]

Venez ici, s'il vous plaît.

Vill du vara snäll och följa med?
[vi|ᵊ dʉ: 'vaːra snɛlᵊ o 'følᵊa meː?]

J'ai des questions à vous poser.

Jag har några frågor till dig.
[ja har 'nogra 'frogor tilᵊ dɛj]

Attendez un moment, s'il vous plaît.

**Var snäll och vänta
ett ögonblick, tack.**
[var snɛlᵊ o 'vɛnta
et 'øːgonblik, tak]

Avez-vous une carte d'identité?

Har du någon legitimation?
[har dʉ: 'noːgon |ᵊegitima'ɧuːn?]

Merci. Vous pouvez partir maintenant.

Tack. Du kan gå nu.
[tak. dʉ: kan go nʉ:]

Les mains derrière la tête!

Händerna bakom huvudet!
['hɛnderna 'bakom 'hʉvʉdet!]

Vous êtes arrêté!

Du är anhållen!
[dʉ: ær an'holᵊen!]

Problèmes de santé

Aidez-moi, s'il vous plaît.	**Snälla hjälp mig.** ['snɛlʲa jɛlʲp mɛj]
Je ne me sens pas bien.	**Jag mår inte bra.** [ja mor 'intə bra:]
Mon mari ne se sent pas bien.	**Min man mår inte bra.** [min man mor 'intə bra:]
Mon fils ...	**Min son ...** [min so:n ...]
Mon père ...	**min far ...** [min fa:r ...]
Ma femme ne se sent pas bien.	**Min fru mår inte bra.** [min frʉ: mor 'intə bra:]
Ma fille ...	**Min dotter ...** [min 'dotər ...]
Ma mère ...	**Min mor ...** [min mo:r ...]
J'ai mal ...	**Jag har ...** [ja har ...]
à la tête	**huvudvärk** ['hʉ:vʉd'væ:rk]
à la gorge	**halsont** ['halʲsʊnt]
à l'estomac	**värk i magen** [vɛrk i 'ma:gən]
aux dents	**tandvärk** ['tandˌvɛrk]
J'ai le vertige.	**Jag känner mig yr.** [ja 'ɕɛnər mɛj y:r]
Il a de la fièvre.	**Han har feber.** [han har 'febər]
Elle a de la fièvre.	**Hon har feber.** [hon har 'febər]
Je ne peux pas respirer.	**Jag kan inte andas.** [ja kan 'intə 'andas]
J'ai du mal à respirer.	**Jag har andnöd.** [ja har 'andnød]
Je suis asthmatique.	**Jag är astmatiker.** [ja ær ast'matiker]
Je suis diabétique.	**Jag är diabetiker.** [ja ær dia'betikər]

Je ne peux pas dormir.	**Jag kan inte sova.**
	[ja kan 'intə 'so:va]
intoxication alimentaire	**matförgiftning**
	['maːtføˑˈjiftniŋ]

Ça fait mal ici.	**Det gör ont här.**
	[deː jør ont hæːr]
Aidez-moi!	**Hjälp mig!**
	['jɛlᵖp mɛj!]
Je suis ici!	**Jag är här!**
	[ja ær 'hæːr!]
Nous sommes ici!	**Vi är här!**
	[viː ær hæːr!]
Sortez-moi d'ici!	**Ta mig härifrån!**
	[ta mɛj 'hɛrifron!]
J'ai besoin d'un docteur.	**Jag behöver en läkare.**
	[ja be'høvər en 'lᵖɛːkarə]
Je ne peux pas bouger!	**Jag kan inte röra mig.**
	[ja kan 'intə 'røːra mɛj]
Je ne peux pas bouger mes jambes.	**Jag kan inte röra mina ben.**
	[ja kan 'intə 'røːra 'mina bɛn]

Je suis blessé /blessée/	**Jag har ett sår.**
	[ja har et soːr]
Est-ce que c'est sérieux?	**Är det allvarligt?**
	[ɛr dɛ 'alᵖvaːrligt?]
Mes papiers sont dans ma poche.	**Mina dokument är i min ficka.**
	['mina dokʉ'ment ær i min 'fika]
Calmez-vous!	**Lugna ner dig!**
	['lᵖʉnᵖa neː dɛj!]
Puis-je utiliser votre téléphone?	**Får jag använda din telefon?**
	[for ja 'anvɛnda din telᵖe'fon?]

Appelez une ambulance!	**Ring efter en ambulans!**
	['riŋ 'ɛftər en ambʉ'lᵖans!]
C'est urgent!	**Det är brådskande!**
	[deː ær 'brodskandə!]
C'est une urgence!	**Det är ett nödfall!**
	[deː ær et 'nødfalᵖ!]
Dépêchez-vous, s'il vous plaît!	**Snälla, skynda dig!**
	['snɛlᵖa, 'ʃynda dɛj!]
Appelez le docteur, s'il vous plaît.	**Vill du vara snäll och ringa en läkare?**
	[vilᵖ dʉː 'vaːra snɛlᵖ o 'riŋa en 'lᵖɛːkarə?]
Où est l'hôpital?	**Var är sjukhuset?**
	[var ær 'ɧʉːkhʉːset?]

Comment vous sentez-vous?	**Hur mår du?**
	[hʉː mor dʉː?]
Est-ce que ça va?	**Är du okej?**
	[ɛr dʉː ɔ'kej?]
Qu'est-il arrivé?	**Vad har hänt?**
	[vad har hɛnt?]

Je me sens mieux maintenant.   **Jag mår bättre nu.**
[ja mor 'bɛtrə nʉ:]

Ça va. Tout va bien.   **Det är okej.**
[de: ær ɔ'kej]

Ça va.   **Det är okej.**
[de: ær ɔ'kej]

À la pharmacie

pharmacie	**apotek** [apʉ'tek]
pharmacie 24 heures	**dygnet runt-öppet apotek** ['dynˈet rʉnt-'øpet apʉ'tek]
Où se trouve la pharmacie la plus proche?	**Var finns närmsta apotek?** [var fins 'nɛrmsta apʉ'tek?]
Est-elle ouverte en ce moment?	**Är det öppet nu?** [ɛr dɛ 'øpet nʉ:?]
À quelle heure ouvre-t-elle?	**Vilken tid öppnar det?** ['vilˈkən tid 'øpnar dɛ?]
à quelle heure ferme-t-elle?	**Vilken tid stänger det?** ['vilˈkən tid 'stɛŋər dɛ?]
C'est loin?	**Är det långt?** [ɛr dɛ 'lˈoːŋt?]
Est-ce que je peux y aller à pied?	**Kan jag ta mig dit till fots?** [kan ja ta mɛj dit tilˈ 'fots?]
Pouvez-vous me le montrer sur la carte?	**Kan du visa mig på kartan?** [kan dʉ: 'vi:sa mɛj pɔ 'ka:ʈan?]
Pouvez-vous me donner quelque chose contre …	**Snälla ge mig någonting mot …** ['snɛlˈa je mɛj 'no:gɔntiŋ mot …]
le mal de tête	**huvudvärk** ['hʉ:vʉd'væ:rk]
la toux	**hosta** ['hosta]
le rhume	**förkylning** [førˈçʏlˈniŋ]
la grippe	**influensan** [inflˈʉ'ensan]
la fièvre	**feber** ['feber]
un mal d'estomac	**magont** ['ma:gont]
la nausée	**illamående** [ilˈa'moendə]
la diarrhée	**diarré** [dia're:]
la constipation	**förstoppning** [fø:'ʂtopniŋ]
un mal de dos	**ryggont** ['rʏgont]

les douleurs de poitrine	**bröstsmärtor** ['brøst'smɛ:tor]
les points de côté	**mjälthugg** ['mjelʲthug]
les douleurs abdominales	**magsmärtor** ['magsmɛ:tor]

une pilule	**piller, tablett** ['pilʲer, tab'lʲet]
un onguent, une crème	**salva** ['salʲva]
un sirop	**drickbar medicin** ['drikbar medi'si:n]
un spray	**sprej** [sprɛj]
les gouttes	**droppar** ['dropar]

Vous devez allez à l'hôpital.	**Du måste åka till sjukhuset.** [dʉ: 'moste 'o:ka tilʲ 'fʉ:khʉset]
assurance maladie	**sjukförsäkring** ['fʉ:kfø:'ṣɛkriŋ]
prescription	**recept** [re'sɛpt]
produit anti-insecte	**insektsmedel** ['insekts'medelʲ]
bandages adhésifs	**plåster** ['plʲoster]

Les essentiels

Excusez-moi, ...	**Ursäkta mig, ...** [ʉ:'ʂɛkta mɛj, ...]
Bonjour	**Hej** [hɛj]
Merci	**Tack** [tak]
Au revoir	**Hej då** [hɛj do:]
Oui	**Ja** [ja]
Non	**Nej** [nɛj]
Je ne sais pas.	**Jag vet inte.** [ja vet 'intə]
Où? | Où? | Quand?	**Var? I Vart? I När?** [var? | va:ʈ? | nɛr?]

J'ai besoin de ...	**Jag behöver ...** [ja be'høvər ...]
Je veux ...	**Jag vill ...** [ja vilʲ ...]
Avez-vous ... ?	**Har du ...?** [har dʉ: ...?]
Est-ce qu'il y a ... ici?	**Finns det ... här?** [fins dɛ ... hæ:r?]
Puis-je ... ?	**Får jag ... ?** [for ja: ...?]
s'il vous plaît (pour une demande)	**..., tack** [..., tak]

Je cherche ...	**Jag letar efter ...** [ja 'lʲetar 'ɛftər ...]
les toilettes	**en toalett** [en tua'lʲet]
un distributeur	**en uttagsautomat** [en ʉ:'ta:gs auto'mat]
une pharmacie	**ett apotek** [et apʉ'tek]
l'hôpital	**ett sjukhus** [et 'ɧʉ:khʉs]
le commissariat de police	**en polisstation** [en po'lis sta'ɧu:n]
une station de métro	**tunnelbanan** ['tʉnəlʲ 'ba:nan]

un taxi	**en taxi** [en 'taksi]
la gare	**en tågstation** [en 'toːg sta'ɧuːn]

Je m'appelle …	**Jag heter …** [ja 'hetər …]
Comment vous appelez-vous?	**Vad heter du?** [vad 'hetər dʉ:?]
Aidez-moi, s'il vous plaît.	**Skulle du kunna hjälpa mig?** ['skʉlʲe dʉ: 'kuna 'jɛlʲpa mɛj?]
J'ai un problème.	**Jag har ett problem.** [ja har et prɔ'blʲem]
Je ne me sens pas bien.	**Jag mår inte bra.** [ja mor 'intə bra:]
Appelez une ambulance!	**Ring efter en ambulans!** ['riŋ 'ɛftər en ambʉ'lʲans!]
Puis-je faire un appel?	**Får jag ringa ett samtal?** [for ja 'riŋa et 'saːmtalʲ?]

Excusez-moi.	**Jag är ledsen.** [ja ær 'lʲesən]
Je vous en prie.	**Ingen orsak.** ['iŋen 'uːʂak]

je, moi	**Jag, mig** [ja, mɛj]
tu, toi	**du** [dʉ]
il	**han** [han]
elle	**hon** [hon]
ils	**de:** [deː]
elles	**de:** [deː]
nous	**vi** [viː]
vous	**ni** [ni]
Vous	**du, Ni** [dʉ:, niː]

ENTRÉE	**INGÅNG** ['iŋoːŋ]
SORTIE	**UTGÅNG** ['ʉtgoːŋ]
HORS SERVICE | EN PANNE	**UR FUNKTION** [ʉːr fʉnk'ɧuːn]
FERMÉ	**STÄNGT** ['stɛŋt]

OUVERT

ÖPPET
['øpet]

POUR LES FEMMES

FÖR KVINNOR
[før 'kvinor]

POUR LES HOMMES

FÖR MÄN
[før mɛn]

T&P BOOKS

DICTIONNAIRE CONCIS

Cette section contient plus
de 1500 mots les plus utilisés.
Le dictionnaire inclut beaucoup
de termes gastronomiques
et peut être utile lorsque
vous faites le marché
ou commandez des plats
au restaurant

T&P Books Publishing

CONTENU DU DICTIONNAIRE

T&P Books Publishing

T&P Books Publishing

temps (m)	**tid (en)**	['tid]
heure (f)	**timme (en)**	['timə]
demi-heure (f)	**halvtimme (en)**	['halʲvˌtimə]
minute (f)	**minut (en)**	[mi'nʉ:t]
seconde (f)	**sekund (en)**	[se'kund]
aujourd'hui (adv)	**i dag**	[i 'dag]
demain (adv)	**i morgon**	[i 'mɔrgɔn]
hier (adv)	**i går**	[i 'go:r]
lundi (m)	**måndag (en)**	['mɔnˌdag]
mardi (m)	**tisdag (en)**	['tisˌdag]
mercredi (m)	**onsdag (en)**	['ʊnsˌdag]
jeudi (m)	**torsdag (en)**	['tʊːʂˌdag]
vendredi (m)	**fredag (en)**	['freˌdag]
samedi (m)	**lördag (en)**	['lʲøːdag]
dimanche (m)	**söndag (en)**	['sœnˌdag]
jour (m)	**dag (en)**	['dag]
jour (m) ouvrable	**arbetsdag (en)**	['arbetsˌdag]
jour (m) férié	**helgdag (en)**	['hɛljˌdag]
week-end (m)	**helg, veckohelg (en)**	[hɛlj], ['vɛkoˌhɛlj]
semaine (f)	**vecka (en)**	['vɛka]
la semaine dernière	**förra veckan**	['fœːra 'vɛkan]
la semaine prochaine	**i nästa vecka**	[i 'nɛsta 'vɛka]
lever (m) du soleil	**soluppgång (en)**	['sʊlʲ ˌup'gɔn]
coucher (m) du soleil	**solnedgång (en)**	['sʊlʲ 'nedˌgɔn]
le matin	**på morgonen**	[pɔ 'mɔrgɔnən]
dans l'après-midi	**på eftermiddagen**	[pɔ 'ɛfteˌmidagən]
le soir	**på kvällen**	[pɔ 'kvɛlʲen]
ce soir	**i kväll**	[i 'kvɛlʲ]
la nuit	**om natten**	[ɔm 'natən]
minuit (f)	**midnatt (en)**	['midˌnat]
janvier (m)	**januari**	['januˌari]
février (m)	**februari**	[fɛbrʉ'ari]
mars (m)	**mars**	['ma:ʂ]
avril (m)	**april**	[a'prilʲ]
mai (m)	**maj**	['maj]
juin (m)	**juni**	['ju:ni]
juillet (m)	**juli**	['ju:li]
août (m)	**augusti**	[au'gusti]

septembre (m)	september	[sɛp'tɛmbər]
octobre (m)	oktober	[ɔk'tʊbər]
novembre (m)	november	[nɔ'vɛmbər]
décembre (m)	december	[de'sɛmbər]

au printemps	på våren	[pɔ 'vo:rən]
en été	på sommaren	[pɔ 'sɔmarən]
en automne	på hösten	[pɔ 'høstən]
en hiver	på vintern	[pɔ 'vintərn]

mois (m)	månad (en)	['mo:nad]
saison (f)	årstid (en)	['o:ʂˌtid]
année (f)	år (ett)	['o:r]
siècle (m)	sekel (ett)	['sekəlʲ]

2. Nombres. Adjectifs numéraux

chiffre (m)	siffra (en)	['sifra]
nombre (m)	tal (ett)	['talʲ]
moins (m)	minus (ett)	['minus]
plus (m)	plus (ett)	['plʉs]
somme (f)	summa (en)	['suma]

premier (adj)	första	['fœ:ʂta]
deuxième (adj)	andra	['andra]
troisième (adj)	tredje	['trɛdjə]

zéro	noll	['nɔlʲ]
un	ett	[ɛt]
deux	två	['tvo:]
trois	tre	['tre:]
quatre	fyra	['fyra]

cinq	fem	['fem]
six	sex	['sɛks]
sept	sju	['ɧʉ:]
huit	åtta	['ota]
neuf	nio	['ni:ʊ]
dix	tio	['ti:ʊ]

onze	elva	['ɛlʲva]
douze	tolv	['tɔlʲv]
treize	tretton	['trɛtton]
quatorze	fjorton	['fjʊ:ʈon]
quinze	femton	['fɛmton]

seize	sexton	['sɛkston]
dix-sept	sjutton	['ɧʉ:tton]
dix-huit	arton	['a:ʈon]
dix-neuf	nitton	['ni:tton]

vingt	tjugo	['ɕɵɡʊ]
trente	trettio	['trɛttiʊ]
quarante	fyrtio	['fœːʈiʊ]
cinquante	femtio	['fɛmtiʊ]
soixante	sextio	['sɛkstiʊ]
soixante-dix	sjuttio	['ɧuttiʊ]
quatre-vingts	åttio	['ottiʊ]
quatre-vingt-dix	nittio	['nittiʊ]
cent	hundra (ett)	['hundra]
deux cents	tvåhundra	['tvoːˌhundra]
trois cents	trehundra	['treˌhundra]
quatre cents	fyrahundra	['fyraˌhundra]
cinq cents	femhundra	['femˌhundra]
six cents	sexhundra	['sɛksˌhundra]
sept cents	sjuhundra	['ɧʉːˌhundra]
huit cents	åttahundra	['otaˌhundra]
neuf cents	niohundra	['niʊˌhundra]
mille	tusen (ett)	['tʉːsən]
dix mille	tiotusen	['tiːʊˌtʉːsən]
cent mille	hundratusen	['hundraˌtʉːsən]
million (m)	miljon (en)	[mi'ljʊn]
milliard (m)	miljard (en)	[mi'lja:ɖ]

3. L'être humain. La famille

homme (m)	man (en)	['man]
jeune homme (m)	yngling (en)	['yŋliŋ]
adolescent (m)	tonåring (en)	[to'noːriŋ]
femme (f)	kvinna (en)	['kvina]
jeune fille (f)	tjej, flicka (en)	[ɕej], ['flika]
âge (m)	ålder (en)	['ɔlʲdər]
adulte (m)	vuxen	['vuksən]
d'âge moyen (adj)	medelålders	['medəlʲˌɔldɛʂ]
âgé (adj)	äldre	['ɛlʲdrə]
vieux (adj)	gammal	['gamalʲ]
vieillard (m)	gammal man (en)	['gamalʲ ˌman]
vieille femme (f)	gumma (en)	['guma]
retraite (f)	pension (en)	[pan'ɧʊn]
prendre sa retraite	att gå i pension	[at 'goː i pan'ɧʊn]
retraité (m)	pensionär (en)	[panɧʊ'næːr]
mère (f)	mor (en)	['mʊr]
père (m)	far (en)	['far]
fils (m)	son (en)	['sɔn]
fille (f)	dotter (en)	['dɔtər]

frère (m)	bror (en)	['brʊr]
frère (m) aîné	storebror (en)	['stʊrə‚brʊr]
frère (m) cadet	lillebror (en)	['liˡlᵉ‚brʊr]
sœur (f)	syster (en)	['sʏstər]
sœur (f) aînée	storasyster (en)	['stʊra‚sʏstər]
sœur (f) cadette	lillasyster (en)	['liˡla‚sʏstər]

parents (m pl)	föräldrar (pl)	[før'ɛlˡdrar]
enfant (m, f)	barn (ett)	['baːɳ]
enfants (pl)	barn (pl)	['baːɳ]
belle-mère (f)	styvmor (en)	['stʏv‚mʊr]
beau-père (m)	styvfar (en)	['stʏv‚far]

grand-mère (f)	mormor, farmor (en)	['mʊrmʊr], ['farmʊr]
grand-père (m)	morfar, farfar (en)	['mʊrfar], ['farfar]
petit-fils (m)	barnbarn (ett)	['baːɳ‚baːɳ]
petite-fille (f)	barnbarn (ett)	['baːɳ‚baːɳ]
petits-enfants (pl)	barnbarn (pl)	['baːɳ‚baːɳ]

oncle (m)	farbror, morbror (en)	['far‚brʊr], ['mʊr‚brʊr]
tante (f)	faster, moster (en)	['fastər], ['mʊstər]
neveu (m)	brorson, systerson (en)	['brʊr‚sɔn], ['sʏstə‚sɔn]
nièce (f)	brorsdotter, systerdotter (en)	['brʊːʂ‚dɔtər], ['sʏstə‚dɔtər]

femme (f)	hustru (en)	['hʉstrʉ]
mari (m)	man (en)	['man]
marié (adj)	gift	['jift]
mariée (adj)	gift	['jift]
veuve (f)	änka (en)	['ɛŋka]
veuf (m)	änkling (en)	['ɛŋkliŋ]

| prénom (m) | namn (ett) | ['namn] |
| nom (m) de famille | efternamn (ett) | ['ɛftə‚ɳamn] |

parent (m)	släkting (en)	['slˡɛktiŋ]
ami (m)	vän (en)	['vɛːn]
amitié (f)	vänskap (en)	['vɛn‚skap]

partenaire (m)	partner (en)	['paːʈnər]
supérieur (m)	överordnad (en)	['øːvər‚ɔːdnat]
collègue (m, f)	kollega (en)	[kɔ'lˡeːga]
voisins (m pl)	grannar (pl)	['granar]

4. Le corps humain. L'anatomie

organisme (m)	organism (en)	[ɔrga'nism]
corps (m)	kropp (en)	['krɔp]
cœur (m)	hjärta (ett)	['jæːʈa]
sang (m)	blod (ett)	['blˡʊd]

cerveau (m)	hjärna (en)	['jæːŋa]
nerf (m)	nerv (en)	['nɛrv]
os (m)	ben (ett)	['beːn]
squelette (f)	skelett (ett)	[ske'lʲet]
colonne (f) vertébrale	ryggrad (en)	['rʏɡˌrad]
côte (f)	revben (ett)	['revˌbeːn]
crâne (m)	skalle (en)	['skalʲe]
muscle (m)	muskel (en)	['muskəlʲ]
poumons (m pl)	lungor (pl)	['lɵŋʊr]
peau (f)	hud (en)	['hʉːd]
tête (f)	huvud (ett)	['hʉːvʉd]
visage (m)	ansikte (ett)	['ansiktə]
nez (m)	näsa (en)	['nɛːsa]
front (m)	panna (en)	['pana]
joue (f)	kind (en)	['ɕind]
bouche (f)	mun (en)	['muːn]
langue (f)	tunga (en)	['tuŋa]
dent (f)	tand (en)	['tand]
lèvres (f pl)	läppar (pl)	['lʲɛpar]
menton (m)	haka (en)	['haka]
oreille (f)	öra (ett)	['øːra]
cou (m)	hals (en)	['halʲs]
gorge (f)	strupe, hals (en)	['strʉpə], ['halʲs]
œil (m)	öga (ett)	['øːga]
pupille (f)	pupill (en)	[pʉ'pilʲ]
sourcil (m)	ögonbryn (ett)	['øːɡɔnˌbryn]
cil (m)	ögonfrans (en)	['øːɡɔnˌfrans]
cheveux (m pl)	hår (pl)	['hoːr]
coiffure (f)	frisyr (en)	[fri'syr]
moustache (f)	mustasch (en)	[mʉ'staːʃ]
barbe (f)	skägg (ett)	['ɧɛɡ]
porter (~ la barbe)	att ha	[at 'ha]
chauve (adj)	skallig	['skalig]
main (f)	hand (en)	['hand]
bras (m)	arm (en)	['arm]
doigt (m)	finger (ett)	['fiŋər]
ongle (m)	nagel (en)	['nagəlʲ]
paume (f)	handflata (en)	['handˌflʲata]
épaule (f)	skuldra (en)	['skʉlʲdra]
jambe (f)	ben (ett)	['beːn]
pied (m)	fot (en)	['fʊt]
genou (m)	knä (ett)	['knɛː]
talon (m)	häl (en)	['hɛːlʲ]
dos (m)	rygg (en)	['rʏɡ]

taille (f) (~ de guêpe)	midja (en)	['midja]
grain (m) de beauté	leverfläck (ett)	['lʲevər‚flɛk]
tache (f) de vin	födelsemärke (ett)	['fø:dəlʲsə‚mæ:rkə]

5. Les maladies. Les médicaments

santé (f)	hälsa, sundhet (en)	['hɛlʲsa], ['sund‚het]
en bonne santé	frisk	['frisk]
maladie (f)	sjukdom (en)	['ɧʉ:k‚dʊm]
être malade	att vara sjuk	[at 'vara 'ɧʉ:k]
malade (adj)	sjuk	['ɧʉ:k]

refroidissement (m)	förkylning (en)	[før'ɕylʲniŋ]
prendre froid	att bli förkyld	[at bli før'ɕylʲd]
angine (f)	halsfluss, angina (en)	['halʲs‚flʉs], [aŋ'gina]
pneumonie (f)	lunginflammation (en)	['lʉŋ‚inflʲama'ɧʊn]
grippe (f)	influensa (en)	[inflʉ'ɛnsa]

rhume (m) (coryza)	snuva (en)	['snʉ:va]
toux (f)	hosta (en)	['hʊsta]
tousser (vi)	att hosta	[at 'hʊsta]
éternuer (vi)	att nysa	[at 'nysa]

insulte (f)	stroke (en), hjärnslag (ett)	['stro:k], ['jæ:n‚slʲag]
crise (f) cardiaque	infarkt (en)	[in'farkt]
allergie (f)	allergi (en)	[alʲer'gi]
asthme (m)	astma (en)	['astma]
diabète (m)	diabetes (en)	[dia'betəs]

tumeur (f)	tumör (en)	[tʉ'mø:r]
cancer (m)	cancer (en)	['kansər]
alcoolisme (m)	alkoholism (en)	[alʲkʊhʊ'lizm]
SIDA (m)	AIDS	['ɛjds]
fièvre (f)	feber (en)	['febər]
mal (m) de mer	sjösjuka (en)	['ɧø:‚ɧʉ:ka]

bleu (m)	blåmärke (ett)	['blʲo:‚mæ:rkə]
bosse (f)	bula (en)	['bʉ:lʲa]
boiter (vi)	att halta	[at 'halʲta]
foulure (f)	vrickning (en)	['vrikniŋ]
se démettre (l'épaule, etc.)	att förvrida	[at før'vrida]

fracture (f)	brott (ett), fraktur (en)	['brɔt], [frak'tʉ:r]
brûlure (f)	brännsår (ett)	['brɛn‚so:r]
blessure (f)	skada (en)	['skada]
douleur (f)	värk, smärta (en)	['væ:rk], ['smɛʈa]
mal (m) de dents	tandvärk (en)	['tand‚væ:rk]
suer (vi)	att svettas	[at 'svɛtas]
sourd (adj)	döv	['dø:v]

muet (adj)	stum	['stu:m]
immunité (f)	immunitet (en)	[imʉni'te:t]
virus (m)	virus (ett)	['vi:rʉs]
microbe (m)	mikrob (en)	[mi'krɔb]
bactérie (f)	bakterie (en)	[bak'teriə]
infection (f)	infektion (en)	[infɛk'ʃʉn]
hôpital (m)	sjukhus (ett)	['ʃʉ:kˌhʉs]
cure (f) (faire une ~)	kur (en)	['kʉ:r]
vacciner (vt)	att vaksinera	[at vaksi'nera]
être dans le coma	att ligga i koma	[at 'liga i 'kɔma]
réanimation (f)	intensivavdelning (en)	[intɛn'siv ˌav'dɛlⁱniŋ]
symptôme (m)	symptom (ett)	[sʏmp'tɔm]
pouls (m)	puls (en)	['pulⁱs]

6. Les sensations. Les émotions. La communication

je	jag	['ja:]
tu	du	[dʉ:]
il	han	['han]
elle	hon	['hʉn]
ça	det, den	[dɛ], [dɛn]
nous	vi	['vi]
vous	ni	['ni]
ils, elles	de	[de:]
Bonjour! (fam.)	Hej!	['hɛj]
Bonjour! (form.)	Hej! Hallå!	['hɛj], [ha'lⁱo:]
Bonjour! (le matin)	God morgon!	[ˌgʉd 'mɔrgɔn]
Bonjour! (après-midi)	God dag!	[ˌgʉd 'dag]
Bonsoir!	God kväll!	[ˌgʉd 'kvɛlⁱ]
dire bonjour	att hälsa	[at 'hɛlⁱsa]
saluer (vt)	att hälsa	[at 'hɛlⁱsa]
Comment allez-vous?	Hur står det till?	[hʉr sto: de 'tilⁱ]
Comment ça va?	Hur är det?	[hʉr ɛr 'de:]
Au revoir! (form.)	Adjö! Hej då!	[a'jø:], [hɛj'do:]
Au revoir! (fam.)	Hej då!	[hɛj'do:]
Merci!	Tack!	['tak]
sentiments (m pl)	känslor (pl)	['ɕɛnslⁱʉr]
avoir faim	att vara hungrig	[at 'vara 'huŋrig]
avoir soif	att vara törstig	[at 'vara 'tø:ʂtig]
fatigué (adj)	trött	['trœt]
s'inquiéter (vp)	att bekymra sig	[at be'ɕymra sɛj]
s'énerver (vp)	att vara nervös	[at 'vara nɛr'vø:s]
espoir (m)	hopp (ett)	['hɔp]
espérer (vi)	att hoppas	[at 'hɔpas]

caractère (m)	karaktär (en)	[karak'tæ:r]
modeste (adj)	blygsam	['blʲygsam]
paresseux (adj)	lat	['lʲat]
généreux (adj)	generös	[ɧene'rø:s]
doué (adj)	talangfull	[ta'lʲaŋ,fulʲ]

honnête (adj)	ärlig	['æ:lig]
sérieux (adj)	allvarlig	[alʲ'va:lig]
timide (adj)	blyg	['blʲyg]
sincère (adj)	uppriktig	['up,riktig]
peureux (m)	ynkrygg (en)	['yŋkrɣg]

dormir (vi)	att sova	[at 'sɔva]
rêve (m)	dröm (en)	['drø:m]
lit (m)	säng (en)	['sɛŋ]
oreiller (m)	kudde (en)	['kudə]

insomnie (f)	sömnlöshet (en)	['sœmnlʲøs,het]
aller se coucher	att gå till sängs	[at 'go: tilʲ 'sɛŋs]
cauchemar (m)	mardröm (en)	['ma:d̪røm]
réveil (m)	väckarklocka (en)	['vɛkar,klʲɔka]

sourire (m)	leende (ett)	['lʲeəndə]
sourire (vi)	att småle	[at 'smo:lʲe]
rire (vi)	att skratta	[at 'skrata]

dispute (f)	gräl (ett)	['grɛ:lʲ]
insulte (f)	förolämpning (en)	[førʊ'lʲɛmpniŋ]
offense (f)	förnärmelse (en)	[fœ:'næ:rməlʲse]
fâché (adj)	arg, vred	[arj], ['vred]

7. Les vêtements. Les accessoires personnels

vêtement (m)	kläder (pl)	['klʲɛ:dər]
manteau (m)	rock, kappa (en)	['rɔk], ['kapa]
manteau (m) de fourrure	päls (en)	['pɛlʲs]
veste (f) (~ en cuir)	jacka (en)	['jaka]
imperméable (m)	regnrock (en)	['rɛgn,rɔk]
chemise (f)	skjorta (en)	['ɧu:ʈa]
pantalon (m)	byxor (pl)	['byksʊr]
veston (m)	kavaj (en)	[ka'vaj]
complet (m)	kostym (en)	[kɔs'tym]

robe (f)	klänning (en)	['klʲɛniŋ]
jupe (f)	kjol (en)	['ɕø:lʲ]
tee-shirt (m)	T-shirt (en)	['ti:,ʃo:t]
peignoir (m) de bain	morgonrock (en)	['mɔrgɔn,rɔk]
pyjama (m)	pyjamas (en)	[py'jamas]
tenue (f) de travail	arbetskläder (pl)	['arbets,klʲɛ:dər]
sous-vêtements (m pl)	underkläder (pl)	['undə,klʲɛ:dər]

chaussettes (f pl)	sockor (pl)	['sɔkʊr]
soutien-gorge (m)	behå (en)	[be'ho:]
collants (m pl)	strumpbyxor (pl)	['strump͵byksʊr]
bas (m pl)	strumpor (pl)	['strumpʊr]
maillot (m) de bain	baddräkt (en)	['bad͵drɛkt]

chapeau (m)	hatt (en)	['hat]
chaussures (f pl)	skodon (pl)	['skʊdʊn]
bottes (f pl)	stövlar (pl)	['støvlʲar]
talon (m)	klack (en)	['klʲak]
lacet (m)	skosnöre (ett)	['skʊ͵snø:rə]
cirage (m)	skokräm (en)	['skʊ͵krɛm]

coton (m)	bomull (en)	['bʊ͵mulʲ]
laine (f)	ull (en)	['ulʲ]
fourrure (f)	päls (en)	['pɛlʲs]

gants (m pl)	handskar (pl)	['hanskar]
moufles (f pl)	vantar (pl)	['vantar]
écharpe (f)	halsduk (en)	['halʲs͵dɯ:k]
lunettes (f pl)	glasögon (pl)	['glʲas͵ø:gon]
parapluie (m)	paraply (ett)	[para'plʲy]

cravate (f)	slips (en)	['slips]
mouchoir (m)	näsduk (en)	['nɛs͵dɯk]
peigne (m)	kam (en)	['kam]
brosse (f) à cheveux	hårborste (en)	['ho:r͵bo:ʂtə]
boucle (f)	spänne (ett)	['spɛnə]
ceinture (f)	bälte (ett)	['bɛlʲtə]
sac (m) à main	damväska (en)	['dam͵vɛska]

col (m)	krage (en)	['kragə]
poche (f)	ficka (en)	['fika]
manche (f)	ärm (en)	['æ:rm]
braguette (f)	gylf (en)	['gylʲf]

fermeture (f) à glissière	blixtlås (ett)	['blikst͵lʲo:s]
bouton (m)	knapp (en)	['knap]
se salir (vp)	att smutsa ned sig	[at 'smutsa ned sɛj]
tache (f)	fläck (en)	['flʲɛk]

8. La ville. Les établissements publics

magasin (m)	affär, butik (en)	[a'fæ:r], [bu'tik]
centre (m) commercial	köpcenter (ett)	['ɕø:p͵sɛntɛr]
supermarché (m)	snabbköp (ett)	['snab͵ɕø:p]
magasin (m) de chaussures	skoaffär (en)	['skʊ:a͵fæ:r]
librairie (f)	bokhandel (en)	['bʊk͵handəlʲ]
pharmacie (f)	apotek (ett)	[apu'tek]
boulangerie (f)	bageri (ett)	[bage'ri:]

pâtisserie (f)	konditori (ett)	[kɔnditʊ'riː]
épicerie (f)	speceriaffär (en)	[spese'ri a'fæːr]
boucherie (f)	slaktare butik (en)	['slʲaktarə bu'tik]
magasin (m) de légumes	grönsakshandel (en)	['grøːnsaks‚handəlʲ]
marché (m)	marknad (en)	['marknad]

salon (m) de coiffure	frisersalong (en)	['frisər ʂa‚lʲɔŋ]
poste (f)	post (en)	['pɔst]
pressing (m)	kemtvätt (en)	['ɕemtvæt]
cirque (m)	cirkus (en)	['sirkʉs]
zoo (m)	zoo (ett)	['sʊː]

théâtre (m)	teater (en)	[te'atər]
cinéma (m)	biograf (en)	[biʊ'graf]
musée (m)	museum (ett)	[mʉ'seum]
bibliothèque (f)	bibliotek (ett)	[bibliʊ'tek]

mosquée (f)	moské (en)	[mʊs'keː]
synagogue (f)	synagoga (en)	['syna‚gɔga]
cathédrale (f)	katedral (en)	[katɛ'dralʲ]
temple (m)	tempel (ett)	['tɛmpəlʲ]
église (f)	kyrka (en)	['ɕyrka]

institut (m)	institut (ett)	[insti'tʉt]
université (f)	universitet (ett)	[univɛʂi'tet]
école (f)	skola (en)	['skʉlʲa]

hôtel (m)	hotell (ett)	[hʊ'tɛlʲ]
banque (f)	bank (en)	['baŋk]
ambassade (f)	ambassad (en)	[amba'sad]
agence (f) de voyages	resebyrå (en)	['reseby‚rɔː]

métro (m)	tunnelbana (en)	['tunəlʲ‚bana]
hôpital (m)	sjukhus (ett)	['ɧʉːk‚hʉs]
station-service (f)	bensinstation (en)	[bɛn'sin‚sta'ɧʊn]
parking (m)	parkeringsplats (en)	[par'keriŋs‚plʲats]

ENTRÉE	INGÅNG	['in‚gɔŋ]
SORTIE	UTGÅNG	['ʉt‚gɔŋ]
POUSSER	TRYCK	['trʏk]
TIRER	DRAG	['drag]
OUVERT	ÖPPET	['øpet]
FERMÉ	STÄNGT	['stɛŋt]

monument (m)	monument (ett)	[mɔnu'mɛnt]
forteresse (f)	fästning (en)	['fɛstniŋ]
palais (m)	palats (ett)	[pa'lʲats]

médiéval (adj)	medeltida	['medəlʲ‚tida]
ancien (adj)	gammal	['gamalʲ]
national (adj)	nationell	[natɧʊ'nɛlʲ]
connu (adj)	berömd	[be'rœmd]

9. L'argent. Les finances

argent (m)	pengar (pl)	['pɛŋar]
monnaie (f)	mynt (ett)	['mʏnt]
dollar (m)	dollar (en)	['dɔlʲar]
euro (m)	euro (en)	['ɛvrɔ]
distributeur (m)	bankomat (en)	[baŋkʊ'mat]
bureau (m) de change	växelkontor (ett)	['vɛksəlʲ kɔn'tʊr]
cours (m) de change	kurs (en)	['ku:ʂ]
espèces (f pl)	kontanter (pl)	[kɔn'tantər]
Combien?	Hur mycket?	[hɵr 'mʏkə]
payer (régler)	att betala	[at be'talʲa]
paiement (m)	betalning (en)	[be'talʲniŋ]
monnaie (f) (rendre la ~)	växel (en)	['vɛksəlʲ]
prix (m)	pris (ett)	['pris]
rabais (m)	rabatt (en)	[ra'bat]
bon marché (adj)	billig	['bilig]
cher (adj)	dyr	['dyr]
banque (f)	bank (en)	['baŋk]
compte (m)	konto (ett)	['kɔntʊ]
carte (f) de crédit	kreditkort (ett)	[kre'dit ̩kɔ:t]
chèque (m)	check (en)	['ɕɛk]
faire un chèque	att skriva en check	[at 'skriva ən 'ɕɛk]
chéquier (m)	checkbok (en)	['ɕɛk ̩bʊk]
dette (f)	skuld (en)	['skɵlʲd]
débiteur (m)	gäldenär (en)	[jɛlʲdɛ'næ:r]
prêter (vt)	att låna ut	[at 'lʲo:na ɵt]
emprunter (vt)	att låna	[at 'lʲo:na]
louer (une voiture, etc.)	att hyra	[at 'hyra]
à crédit (adv)	på kredit	[pɔ kre'dit]
portefeuille (m)	plånbok (en)	['plʲo:n ̩bʊk]
coffre fort (m)	säkerhetsskåp (ett)	['sɛ:kərhets ̩sko:p]
héritage (m)	arv (ett)	['arv]
fortune (f)	förmögenhet (en)	[før'møgən ̩het]
impôt (m)	skatt (en)	['skat]
amende (f)	bot (en)	['bʊt]
mettre une amende	att bötfälla	[at 'bøt ̩fɛlʲa]
en gros (adj)	grossist-, engros-	[grɔ'sist-], [ɛn'gro-]
au détail (adj)	detalj-	[de'talj-]
assurer (vt)	att försäkra	[at fœ:'ʂɛkra]
assurance (f)	försäkring (en)	[fœ:'ʂɛkriŋ]
capital (m)	kapital (ett)	[kapi'talʲ]
chiffre (m) d'affaires	omsättning (en)	['ɔm ̩sætniŋ]

action (f)	aktie (en)	['aktsiǝ]
profit (m)	vinst, förtjänst (en)	['vinst], [fœ:'ɕɛ:nst]
profitable (adj)	fördelaktig	[fø:dǝlⁱ'aktig]

crise (f)	kris (en)	['kris]
faillite (f)	konkurs (en)	[kɔŋ'ku:ʂ]
faire faillite	att göra konkurs	[at 'jø:ra kɔŋ'ku:ʂ]

comptable (m)	bokförare (en)	['bʊkˌfø:rarǝ]
salaire (m)	lön (en)	['ⁱø:n]
prime (f)	bonus, premie (en)	['bʊnus], ['premiǝ]

10. Les transports

autobus (m)	buss (en)	['bus]
tramway (m)	spårvagn (en)	['spo:rˌvagn]
trolleybus (m)	trådbuss (en)	['tro:dˌbus]

prendre ...	att åka med ...	[at 'o:ka me ...]
monter (dans l'autobus)	att stiga på ...	[at 'stiga pɔ ...]
descendre de ...	att stiga av ...	[at 'stiga 'av ...]

arrêt (m)	hållplats (en)	['ho:ⁱˌplats]
terminus (m)	slutstation (en)	['slʉtˌsta'ɧʊn]
horaire (m)	tidtabell (en)	['tid ta'bɛⁱ]
ticket (m)	biljett (en)	[bi'ⁱet]
être en retard	att komma för sent	[at 'kɔma før 'sɛnt]

taxi (m)	taxi (en)	['taksi]
en taxi	med taxi	[me 'taksi]
arrêt (m) de taxi	taxihållplats (en)	['taksi 'ho:ⁱˌplⁱats]

trafic (m)	trafik (en)	[tra'fik]
heures (f pl) de pointe	rusningstid (en)	['rusniŋsˌtid]
se garer (vp)	att parkera	[at par'kera]

métro (m)	tunnelbana (en)	['tunǝⁱˌbana]
station (f)	station (en)	[sta'ɧʊn]
train (m)	tåg (ett)	['to:g]
gare (f)	tågstation (en)	['to:gˌsta'ɧʊn]
rails (m pl)	räls, rälsar (pl)	['rɛⁱs], ['rɛⁱsar]
compartiment (m)	kupé (en)	[kʉ'pe:]
couchette (f)	slaf, säng (en)	['slaf], ['sɛŋ]

avion (m)	flygplan (ett)	['flⁱygplⁱan]
billet (m) d'avion	flygbiljett (en)	['flⁱyg biˌlⁱet]
compagnie (f) aérienne	flygbolag (ett)	['flⁱygˌbʊⁱag]
aéroport (m)	flygplats (en)	['flⁱygˌplⁱaʦ]
vol (m) (~ d'oiseau)	flygning (en)	['flⁱygniŋ]
bagage (m)	bagage (ett)	[ba'ga:ʃ]

chariot (m)	bagagevagn (en)	[ba'ga:ʃ ˌvagn]
bateau (m)	skepp (ett)	['ʃɛp]
bateau (m) de croisière	kryssningfartyg (ett)	['krysniŋˌfa:'tyg]
yacht (m)	jakt (en)	['jakt]
canot (m) à rames	båt (en)	['boːt]
capitaine (m)	kapten (en)	[kap'ten]
cabine (f)	hytt (en)	['hʏt]
port (m)	hamn (en)	['hamn]
vélo (m)	cykel (en)	['sykəlʲ]
scooter (m)	scooter (en)	['skuːtər]
moto (f)	motorcykel (en)	['mʊtʊrˌsykəlʲ]
pédale (f)	pedal (en)	[pe'dalʲ]
pompe (f)	pump (en)	['pump]
roue (f)	hjul (ett)	['jʉːlʲ]
automobile (f)	bil (en)	['bilʲ]
ambulance (f)	ambulans (en)	[ambʉ'lʲans]
camion (m)	lastbil (en)	['lʲastˌbilʲ]
d'occasion (adj)	begagnad	[be'gagnad]
accident (m) de voiture	bilolycka (en)	['bilʲ ʉː'lʲyka]
réparation (f)	reparation (en)	[repara'ɧʊn]

11. Les produits alimentaires. Partie 1

viande (f)	kött (ett)	['ɕœt]
poulet (m)	höna (en)	['høːna]
canard (m)	anka (en)	['aŋka]
du porc	fläsk (ett)	['flʲɛsk]
du veau	kalvkött (en)	['kalʲvˌɕœt]
du mouton	lammkött (ett)	['lʲamˌɕœt]
du bœuf	oxkött, nötkött (ett)	['ʊksˌɕœt], ['nøːtˌɕœt]
saucisson (m)	korv (en)	['kɔrv]
œuf (m)	ägg (ett)	['ɛg]
poisson (m)	fisk (en)	['fisk]
fromage (m)	ost (en)	['ʊst]
sucre (m)	socker (ett)	['sɔkər]
sel (m)	salt (ett)	['salʲt]
riz (m)	ris (ett)	['ris]
pâtes (m pl)	pasta (en),	['pasta],
	makaroner (pl)	[maka'rʊnər]
beurre (m)	smör (ett)	['smœːr]
huile (f) végétale	vegetabilisk olja (en)	[vegeta'bilisk 'ɔlja]
pain (m)	bröd (ett)	['brøːd]
chocolat (m)	choklad (en)	[ʃɔk'lʲad]
vin (m)	vin (ett)	['vin]

café (m)	kaffe (ett)	['kafə]
lait (m)	mjölk (en)	['mjœlɪk]
jus (m)	juice (en)	['juːs]
bière (f)	öl (ett)	['øːlʲ]
thé (m)	te (ett)	['teː]

tomate (f)	tomat (en)	[tʊ'mat]
concombre (m)	gurka (en)	['gurka]
carotte (f)	morot (en)	['mʊˌrʊt]
pomme (f) de terre	potatis (en)	[pʊ'tatis]
oignon (m)	lök (en)	['lʲøːk]
ail (m)	vitlök (en)	['vitˌlʲøːk]

chou (m)	kål (en)	['koːlʲ]
betterave (f)	rödbeta (en)	['røːdˌbeta]
aubergine (f)	aubergine (en)	[ɔbɛr'ʒin]
fenouil (m)	dill (en)	['dilʲ]
laitue (f) (salade)	sallad (en)	['salʲad]
maïs (m)	majs (en)	['majs]

fruit (m)	frukt (en)	['frʉkt]
pomme (f)	äpple (ett)	['ɛplʲe]
poire (f)	päron (ett)	['pæːrɔn]
citron (m)	citron (en)	[si'trʊn]
orange (f)	apelsin (en)	[apɛlʲ'sin]
fraise (f)	jordgubbe (en)	['jʊːdˌgubə]

prune (f)	plommon (ett)	['plʲʊmɔn]
framboise (f)	hallon (ett)	['halʲɔn]
ananas (m)	ananas (en)	['ananas]
banane (f)	banan (en)	['banan]
pastèque (f)	vattenmelon (en)	['vatənˌme'lʲʉn]
raisin (m)	druva (en)	['drʉːva]
melon (m)	melon (en)	[me'lʲʉn]

12. Les produits alimentaires. Partie 2

cuisine (f)	kök (ett)	['ɕøːk]
recette (f)	recept (ett)	[re'sɛpt]
nourriture (f)	mat (en)	['mat]

prendre le petit déjeuner	att äta frukost	[at 'ɛːta 'frʉːkɔst]
déjeuner (vi)	att äta lunch	[at 'ɛːta ˌlʉnɕ]
dîner (vi)	att äta kvällsmat	[at 'ɛːta 'kvɛlʲsˌmat]

goût (m)	smak (en)	['smak]
bon (savoureux)	läcker	['lʲɛkər]
froid (adj)	kall	['kalʲ]
chaud (adj)	het, varm	['het], ['varm]
sucré (adj)	söt	['søːt]

salé (adj)	salt	['salʲt]
sandwich (m)	smörgås (en)	['smœrˌɡoːs]
garniture (f)	tillbehör (ett)	['tilʲbeˌhør]
garniture (f)	fyllning (en)	['fylʲnin]
sauce (f)	sås (en)	['soːs]
morceau (m)	bit (en)	['bit]

régime (m)	diet (en)	[di'et]
vitamine (f)	vitamin (ett)	[vita'min]
calorie (f)	kalori (en)	[kalʲɔ'riː]
végétarien (m)	vegetarian (en)	[vegetiri'an]

restaurant (m)	restaurang (en)	[rɛstɔ'ran]
salon (m) de café	kafé (ett)	[ka'feː]
appétit (m)	aptit (en)	['aptit]
Bon appétit!	Smaklig måltid!	['smaklig 'moːlʲtid]

serveur (m)	servitör (en)	[sɛrvi'tøːr]
serveuse (f)	servitris (en)	[sɛrvi'tris]
barman (m)	bartender (en)	['baːˌtɛndər]
carte (f)	meny (en)	[me'ny]

cuillère (f)	sked (en)	['ŋed]
couteau (m)	kniv (en)	['kniv]
fourchette (f)	gaffel (en)	['ɡafəlʲ]
tasse (f)	kopp (en)	['kop]

assiette (f)	tallrik (en)	['talʲrik]
soucoupe (f)	tefat (ett)	['teˌfat]
serviette (f)	servett (en)	[sɛr'vɛt]
cure-dent (m)	tandpetare (en)	['tandˌpetarə]

commander (vt)	att beställa	[at be'stɛlʲa]
plat (m)	rätt (en)	['ræt]
portion (f)	portion (en)	[pɔː['fjun]
hors-d'œuvre (m)	förrätt (en)	['fœːræt]
salade (f)	sallad (en)	['salʲad]
soupe (f)	soppa (en)	['sɔpa]

dessert (m)	dessert (en)	[dɛ'sɛːr]
confiture (f)	sylt (en)	['sylʲt]
glace (f)	glass (en)	['ɡlʲas]
addition (f)	nota (en)	['nʊta]
régler l'addition	att betala notan	[at be'talʲa 'nʊtan]
pourboire (m)	dricks (en)	['driks]

13. La maison. L'appartement. Partie 1

| maison (f) | hus (ett) | ['hʉs] |
| maison (f) de campagne | fritidshus (ett) | ['fritidsˌhʉs] |

villa (f)	villa (en)	['vil'a]
étage (m)	våning (en)	['vo:niŋ]
entrée (f)	ingång (en)	['in,gɔŋ]
mur (m)	mur, vägg (en)	['mʉːr], [vɛg]
toit (m)	tak (ett)	['tak]
cheminée (f)	skorsten (en)	['skɔː,sten]
grenier (m)	vind, vindsvåning (en)	['vind], ['vinds,vo:niŋ]
fenêtre (f)	fönster (ett)	['fœnstər]
rebord (m)	fönsterbleck (ett)	['fœnstər,bl'ek]
balcon (m)	balkong (en)	[bal'kɔŋ]
escalier (m)	trappa (en)	['trapa]
boîte (f) à lettres	brevlåda (en)	['brev,l'o:da]
poubelle (f) d'extérieur	soptunna (en)	['sʊp,tuna]
ascenseur (m)	hiss (en)	['his]
électricité (f)	elektricitet (en)	[ɛl'ektrisi'tet]
ampoule (f)	glödlampa (en)	['gl'øː,d,l'ampa]
interrupteur (m)	strömbrytare (en)	['strø:m,brytarə]
prise (f)	eluttag (ett)	['ɛl',ʉ:'tag]
fusible (m)	säkring (en)	['sɛkriŋ]
porte (f)	dörr (en)	['dœr]
poignée (f)	dörrhandtag (ett)	['dœr,hantag]
clé (f)	nyckel (en)	['nʏkəl']
paillasson (m)	dörrmatta (en)	['dœr,mata]
serrure (f)	dörrlås (ett)	['dœr,l'o:s]
sonnette (f)	ringklocka (en)	['riŋ,kl'ɔka]
coups (m pl) à la porte	knackning (en)	['knakniŋ]
frapper (~ à la porte)	att knacka	[at 'knaka]
judas (m)	kikhål, titthål (ett)	['kik,ho:l'], ['tit,ho:l']
cour (f)	gård (en)	['go:d]
jardin (m)	trädgård (en)	['trɛ:go:d]
piscine (f)	simbassäng (en)	['simba,sɛŋ]
salle (f) de gym	gym (ett)	['dʒym]
court (m) de tennis	tennisbana (en)	['tɛnis,bana]
garage (m)	garage (ett)	[ga'raʃ]
propriété (f) privée	privategendom (en)	[pri'vat 'ɛgən,dʊm]
panneau d'avertissement	varningsskylt (en)	['va:niŋs ,ɧyl't]
sécurité (f)	säkerhet (en)	['sɛːkər,het]
agent (m) de sécurité	säkerhetsvakt (en)	['sɛːkərhets,vakt]
rénovation (f)	renovering (en)	[renʊ'veriŋ]
faire la rénovation	att renovera	[at renʊ'vera]
remettre en ordre	att bringa ordning	[at 'briŋa 'ɔ:dniŋ]
peindre (des murs)	att måla	[at 'mo:l'a]
papier (m) peint	tapet (en)	[ta'pet]
vernir (vt)	att lackera	[at l'a'kera]

tuyau (m)	rör (ett)	['rø:r]
outils (m pl)	verktyg (pl)	['vɛrk‚tyg]
sous-sol (m)	källare (en)	['ɕɛlˑarə]
égouts (m pl)	avlopp (ett)	['av‚lˑɔp]

14. La maison. L'appartement. Partie 2

appartement (m)	lägenhet (en)	['lˑe:gən‚het]
chambre (f)	rum (ett)	['ru:m]
chambre (f) à coucher	sovrum (ett)	['sɔv‚rum]
salle (f) à manger	matsal (en)	['matsalˑ]

salon (m)	vardagsrum (ett)	['va‚dˑas‚rum]
bureau (m)	arbetsrum (ett)	['arbets‚rum]
antichambre (f)	entréhall (en)	[ɛntre:halˑ]
salle (f) de bains	badrum (ett)	['bad‚ru:m]
toilettes (f pl)	toalett (en)	[tʊa'lˑet]

plancher (m)	golv (ett)	['gɔlˑv]
plafond (m)	tak (ett)	['tak]

essuyer la poussière	att damma	[at 'dama]
aspirateur (m)	dammsugare (en)	['dam‚sɵgarə]
passer l'aspirateur	att dammsuga	[at 'dam‚sɵga]

balai (m) à franges	mopp (en)	['mɔp]
torchon (m)	trasa (en)	['trasa]
balayette (f) de sorgho	sopkvast (en)	['sʊp‚kvast]
pelle (f) à ordures	sopskyffel (en)	['sʊp‚ɧyfəlˑ]
meubles (m pl)	möbel (en)	['mø:bəlˑ]
table (f)	bord (ett)	['bʊ:dˌ]
chaise (f)	stol (en)	['stʊlˑ]
fauteuil (m)	fåtölj, länstol (en)	[fo:'tœlj], ['lˑɛn‚stʊlˑ]

bibliothèque (f) (meuble)	bokhylla (en)	['bʊk‚hylˑa]
rayon (m)	hylla (en)	['hylˑa]
armoire (f)	garderob (en)	[ga:də'rɔ:b]

miroir (m)	spegel (en)	['spegəlˑ]
tapis (m)	matta (en)	['mata]
cheminée (f)	kamin (en), eldstad (ett)	[ka'min], ['ɛlˑd‚stad]
rideaux (m pl)	gardiner (pl)	[ga:'dˌinər]
lampe (f) de table	bordslampa (en)	['bʊ:dˌs‚lˑampa]
lustre (m)	ljuskrona (en)	['jɵ:s‚krʊna]

cuisine (f)	kök (ett)	['ɕø:k]
cuisinière (f) à gaz	gasspis (en)	['gas‚spis]
cuisinière (f) électrique	elektrisk spis (en)	[ɛ'lˑektrisk ‚spis]
four (m) micro-ondes	mikrovågsugn (en)	['mikrʊvɔgs‚ugn]
réfrigérateur (m)	kylskåp (ett)	['ɕylˑ‚sko:p]

congélateur (m)	frys (en)	['frys]
lave-vaisselle (m)	diskmaskin (en)	['disk͵ma'ŋi:n]
robinet (m)	kran (en)	['kran]

hachoir (m) à viande	köttkvarn (en)	['ɕœt͵kva:ŋ]
centrifugeuse (f)	juicepress (en)	['ju:s͵prɛs]
grille-pain (m)	brödrost (en)	['brø:d͵rɔst]
batteur (m)	mixer (en)	['miksər]

machine (f) à café	kaffebryggare (en)	['kafə͵brɤgarə]
bouilloire (f)	tekittel (en)	['te͵ɕitəlʲ]
théière (f)	tekanna (en)	['te͵kana]

téléviseur (m)	teve (en)	['teve]
magnétoscope (m)	video (en)	['videʊ]
fer (m) à repasser	strykjärn (ett)	['strykjæ:ŋ]
téléphone (m)	telefon (en)	[telʲe'fɔn]

15. Les occupations. Le statut social

directeur (m)	direktör (en)	[dirɛk'tø:r]
supérieur (m)	överordnad (en)	['ø:vər͵ɔ:dnat]
président (m)	president (en)	[prɛsi'dɛnt]
assistant (m)	assistent (en)	[asi'stɛnt]
secrétaire (m, f)	sekreterare (en)	[sɛkrə'terarə]

propriétaire (m)	ägare (en)	['ɛ:garə]
partenaire (m)	partner (en)	['pa:ʈnər]
actionnaire (m)	aktieägare (en)	['aktsiə͵ɛ:garə]

homme (m) d'affaires	affärsman (en)	[a'fæ:ʂ͵man]
millionnaire (m)	miljonär (en)	[miljʊ'næ:r]
milliardaire (m)	miljardär (en)	[milja:'ɖæ:r]

acteur (m)	skådespelare (en)	['sko:də͵spelʲarə]
architecte (m)	arkitekt (en)	[arki'tɛkt]
banquier (m)	bankir (en)	[baŋ'kir]
courtier (m)	mäklare (en)	['mɛklʲarə]
vétérinaire (m)	veterinär (en)	[vetəri'næ:r]
médecin (m)	läkare (en)	['lʲɛ:karə]
femme (f) de chambre	städerska (en)	['stɛ:dɛʂka]
designer (m)	designer (en)	[de'sajnər]
correspondant (m)	korrespondent (en)	[kɔrɛspon'dɛnt]
livreur (m)	bud (en)	['bʉ:d]

électricien (m)	elektriker (en)	[ɛ'lʲektrikər]
musicien (m)	musiker (en)	['mʉsikər]
baby-sitter (m, f)	barnflicka (en)	['ba:ɳ͵flika]
coiffeur (m)	frisör (en)	[fri'sø:r]
berger (m)	herde (en)	['hɛ:ɖə]

chanteur (m)	sångare (en)	['sɔŋarə]
traducteur (m)	översättare (en)	['øːvəˌsætarə]
écrivain (m)	författare (en)	[fœr'fatarə]
charpentier (m)	timmerman (en)	['timərˌman]
cuisinier (m)	kock (en)	['kɔk]
pompier (m)	brandman (en)	['brandˌman]
policier (m)	polis (en)	[pʊ'lis]
facteur (m)	brevbärare (en)	['brevˌbæːrarə]
programmeur (m)	programmerare (en)	[prɔgra'merarə]
vendeur (m)	försäljare (en)	[fœːˈʂɛljarə]
ouvrier (m)	arbetare (en)	['arˌbetarə]
jardinier (m)	trädgårdsmästare (en)	['trɛːgoːɖs 'mɛstarə]
plombier (m)	rörmokare (en)	['røːrˌmokarə]
stomatologue (m)	tandläkare (en)	['tandˌlʲɛːkarə]
hôtesse (f) de l'air	flygvärdinna (en)	['flʲygˌvæːɖina]
danseur (m)	dansör (en)	[dan'søːr]
garde (m) du corps	livvakt (en)	['liːvˌvakt]
savant (m)	vetenskapsman (en)	['vetənskapsˌman]
professeur (m)	lärare (en)	['lʲæːrarə]
fermier (m)	lantbrukare, bonde (en)	['lʲantˌbruːkarə], ['bʊndə]
chirurgien (m)	kirurg (en)	[ɕi'rʉrg]
mineur (m)	gruvarbetare (en)	['grʉːvˌarˈbetarə]
cuisinier (m) en chef	kökschef (en)	['ɕœksˌʃef]
chauffeur (m)	chaufför (en)	[ʂɔ'føːr]

16. Le sport

type (m) de sport	idrottsgren (en)	['idrɔtsˌgren]
football (m)	fotboll (en)	['fʊtbɔlʲ]
hockey (m)	ishockey (en)	['isˌhɔki]
basket-ball (m)	basket (en)	['basket]
base-ball (m)	baseboll (en)	['bɛjsbɔlʲ]
volley-ball (m)	volleyboll (en)	['vɔliˌbɔlʲ]
boxe (f)	boxning (en)	['bʊksniŋ]
lutte (f)	brottning (en)	['brɔtniŋ]
tennis (m)	tennis (en)	['tɛnis]
natation (f)	simning (en)	['simniŋ]
échecs (m pl)	schack (ett)	['ʃak]
course (f)	löpning (en)	['lʲœpniŋ]
athlétisme (m)	friidrott (en)	['friː 'iˌdrɔt]
patinage (m) artistique	konståkning (en)	['kɔnˌstoːkniŋ]
cyclisme (m)	cykelsport (en)	['sykəlʲˌspoːt]
billard (m)	biljard (en)	[bi'ljaːd]
bodybuilding (m)	kroppsbyggande (ett)	['krɔpsˌbygandə]

golf (m)	golf (en)	['gɔlʲf]
plongée (f)	dykning (en)	['dʏkniŋ]
voile (f)	segelsport (en)	['segəlʲˌspɔːt]
tir (m) à l'arc	bågskjutning (ett)	['boːgˌɧʉːtniŋ]

mi-temps (f)	halvlek (en)	['halʲvˌlʲek]
mi-temps (f) (pause)	halvtid (en)	['halʲvˌtid]
match (m) nul	oavgjort (ett)	[ʊːav'jʊːt]
faire match nul	att spela oavgjort	[at 'spelʲa uːav'jʊːt]

tapis (m) roulant	löpband (ett)	['lʲøːpˌband]
joueur (m)	spelare (en)	['spelʲarə]
remplaçant (m)	reserv, avbytare (en)	[re'sɛrv], ['avˌbytarə]
banc (m) des remplaçants	reservbänk (en)	[re'sɛrvˌbɛŋk]

match (m)	match (en)	['matʃ]
but (m)	mål (ett)	['moːlʲ]
gardien (m) de but	målvakt (en)	['moːlʲˌvakt]
but (m)	mål (ett)	['moːlʲ]

Jeux (m pl) olympiques	de olympiska spelen	[de ʊ'limpiska 'spelʲən]
établir un record	att sätta rekord	[at 'sæta re'kɔːd]
finale (f)	final (en)	[fi'nalʲ]
champion (m)	mästare (en)	['mɛstarə]
championnat (m)	mästerskap (ett)	['mɛstəˌskap]

gagnant (m)	segrare (en)	['sɛgˌrarə]
victoire (f)	seger (en)	['segər]
gagner (vi)	att vinna	[at 'vina]
perdre (vi)	att förlora	[at fœ:'lʲʊra]
médaille (f)	medalj (en)	[me'daljj]

première place (f)	förstaplats (en)	['fœːʂta plʲats]
deuxième place (f)	andraplats (en)	['andraˌplʲats]
troisième place (f)	tredjeplats (en)	['trɛdjəˌplʲats]

stade (m)	stadion (ett)	['stadiʊn]
supporteur (m)	fan (ett)	['fan]
entraîneur (m)	tränare (en)	['trɛːnarə]
entraînement (m)	träning (en)	['trɛːniŋ]

17. Les langues étrangères. L'orthographe

langue (f)	språk (ett)	['sproːk]
étudier (vt)	att studera	[at stu'dera]
prononciation (f)	uttal (ett)	['ʉtˌtalʲ]
accent (m)	brytning (en)	['brʏtniŋ]

| nom (m) | substantiv (ett) | ['substanˌtiv] |
| adjectif (m) | adjektiv (ett) | ['adjɛkˌtiv] |

| verbe (m) | verb (ett) | ['vɛrb] |
| adverbe (m) | adverb (ett) | [ad'vɛrb] |

pronom (m)	pronomen (ett)	[prʊ'nʊmən]
interjection (f)	interjektion (en)	[intɛrjɛk'ɧʊn]
préposition (f)	preposition (en)	[prepʊsi'ɧʊn]

racine (f)	rot (en)	['rʊt]
terminaison (f)	ändelse (en)	['ɛndəlˡsə]
préfixe (m)	prefix (ett)	[prɛ'fiks]
syllabe (f)	stavelse (en)	['stavəlˡsə]
suffixe (m)	suffix (ett)	[su'fiːks]

accent (m) tonique	betoning (en)	[be'tʊniŋ]
point (m)	punkt (en)	['puŋkt]
virgule (f)	komma (ett)	['kɔma]
deux-points (m)	kolon (ett)	[kʊ'lˡɔn]
points (m pl) de suspension	tre punkter (pl)	[trɛ 'puŋktər]

question (f)	fråga (en)	['froːga]
point (m) d'interrogation	frågetecken (ett)	['froːgəˌtɛkən]
point (m) d'exclamation	utropstecken (ett)	['ʉtrʊpsˌtɛkən]

entre guillemets	inom anföringstecken	['inɔm ɑn'fœriŋsˌtɛkən]
entre parenthèses	inom parentes	['inɔm parɛn'tes]
lettre (f)	bokstav (en)	['bʊkstav]
majuscule (f)	stor bokstav (en)	['stʊr 'bʊkstav]

proposition (f)	mening, sats (en)	['meniŋ], ['sats]
groupe (m) de mots	ordkombination (en)	['ʊːdˌkɔmbina'ɧʊn]
expression (f)	uttryck (ett)	['ʉtˌtrʏk]

sujet (m)	subjekt (ett)	[sub'jɛːkt]
prédicat (m)	predikat (ett)	[predi'kat]
ligne (f)	rad (en)	['rad]
paragraphe (m)	stycke (ett)	['stʏkə]

synonyme (m)	synonym (en)	[synɔ'nym]
antonyme (m)	antonym, motsats (en)	[antɔ'nym], ['mʊtsats]
exception (f)	undantag (ett)	['undanˌtaːg]
souligner (vt)	att understryka	[at 'undəˌstryka]

règles (f pl)	regler (pl)	['rɛglˡər]
grammaire (f)	grammatik (en)	[grama'tik]
vocabulaire (m)	ordförråd (ett)	['ʊːdfœːˌroːd]
phonétique (f)	fonetik (en)	[fone'tik]
alphabet (m)	alfabet (ett)	['alˡfabet]

manuel (m)	lärobok (en)	['lˡæːrʊˌbʊk]
dictionnaire (m)	ordbok (en)	['ʊːdˌbʊk]
guide (m) de conversation	parlör (en)	[pa:'lˡøːr]
mot (m)	ord (ett)	['ʊːd]

sens (m)	betydelse (en)	[be'tydəlˠsə]
mémoire (f)	minne (ett)	['minə]

18. La Terre. La géographie

Terre (f)	Jorden	['jʊːdən]
globe (m) terrestre	jordklot (ett)	['jʊːdˌklˠʊt]
planète (f)	planet (en)	[plˠa'net]
géographie (f)	geografi (en)	[jeʊgra'fiː]
nature (f)	natur (en)	[na'tʉːr]
carte (f)	karta (en)	['kaːʈa]
atlas (m)	atlas (en)	['atlˠas]
au nord	i norr	[i 'nɔr]
au sud	i söder	[i 'søːdər]
à l'occident	i väst	[i vɛst]
à l'orient	i öst	[i 'œst]
mer (f)	hav (ett)	['hav]
océan (m)	ocean (en)	[ʊsə'an]
golfe (m)	bukt (en)	['bukt]
détroit (m)	sund (ett)	['sund]
continent (m)	fastland (ett), kontinent (en)	['fastˌlˠand], [kɔnti'nɛnt]
île (f)	ö (en)	['øː]
presqu'île (f)	halvö (en)	['halˠvˌøː]
archipel (m)	skärgård, arkipelag (en)	['ɧæːrˌgoːd̥], [arkipe'lˠag]
port (m)	hamn (en)	['hamn]
récif (m) de corail	korallrev (ett)	[kɔ'ralˠˌrev]
littoral (m)	kust (en)	['kust]
côte (f)	kust (en)	['kust]
marée (f) haute	flod (en)	['flˠʊd]
marée (f) basse	ebb (en)	['ɛb]
latitude (f)	latitud (en)	[lˠati'tʉːd]
longitude (f)	longitud (en)	[lˠɔŋi'tʉːd]
parallèle (f)	breddgrad (en)	['brɛdˌgrad]
équateur (m)	ekvator (en)	[ɛ'kvatʊr]
ciel (m)	himmel (en)	['himəlˠ]
horizon (m)	horisont (en)	[hʊri'sɔnt]
atmosphère (f)	atmosfär (en)	[atmʊ'sfæːr]
montagne (f)	berg (ett)	['bɛrj]
sommet (m)	topp (en)	['tɔp]
rocher (m)	klippa (en)	['klˠipa]

colline (f)	kulle, backe (en)	['kulʲə], ['bakə]
volcan (m)	vulkan (en)	[vulʲˈkan]
glacier (m)	glaciär, jökel (en)	[glʲasˈjæːr], ['jøːkəlʲ]
chute (f) d'eau	vattenfall (ett)	['vatənˌfalʲ]
plaine (f)	slätt (en)	['slʲæt]

rivière (f), fleuve (m)	älv, flod (en)	['ɛlʲv], ['flʲʊd]
source (f)	källa (en)	['ɕɛlʲa]
rive (f)	strand (en)	['strand]
en aval	nedströms	['nɛdˌstrœms]
en amont	motströms	['mʊtˌstrœms]

lac (m)	sjö (en)	['ɧøː]
barrage (m)	damm (en)	['dam]
canal (m)	kanal (en)	[ka'nalʲ]
marais (m)	myr, mosse (en)	['myr], ['mʊsə]
glace (f)	is (en)	['is]

19. Les pays du monde. Partie 1

Europe (f)	Europa	[eu'rʊpa]
Union (f) européenne	Europeiska unionen	[eurʊ'peiska un'jʊnən]
européen (m)	europé (en)	[eurʊ'peː]
européen (adj)	europeisk	[eurʊ'peisk]

Autriche (f)	Österrike	['œstɛˌrikə]
Grande-Bretagne (f)	Storbritannien	['stʊrˌbri'taniən]
Angleterre (f)	England	['ɛŋlʲand]
Belgique (f)	Belgien	['bɛlʲgiən]
Allemagne (f)	Tyskland	['tʏsklʲand]

Pays-Bas (m)	Nederländerna	['nedɛːˌɭɛndɛːɳa]
Hollande (f)	Holland	['hɔlʲand]
Grèce (f)	Grekland	['greklʲand]
Danemark (m)	Danmark	['daŋmark]
Irlande (f)	Irland	['iɭand]

Islande (f)	Island	['islʲand]
Espagne (f)	Spanien	['spaniən]
Italie (f)	Italien	[i'taliən]
Chypre (m)	Cypern	['sypɛːɳ]
Malte (f)	Malta	['malʲta]

Norvège (f)	Norge	['nɔrjə]
Portugal (m)	Portugal	['pɔːʈugalʲ]
Finlande (f)	Finland	['finlʲand]
France (f)	Frankrike	['fraŋkrikə]
Suède (f)	Sverige	['svɛrijə]
Suisse (f)	Schweiz	['ʃvɛjts]
Écosse (f)	Skottland	['skɔtlʲand]

Vatican (m)	Vatikanstaten	['vati'kan‚statən]
Liechtenstein (m)	Liechtenstein	['lihtənstajn]
Luxembourg (m)	Luxemburg	['lʉksəm‚burj]

Monaco (m)	Monaco	['mɔnakɔ]
Albanie (f)	Albanien	[alʲ'banien]
Bulgarie (f)	Bulgarien	[bʉlʲ'garien]
Hongrie (f)	Ungern	['uŋɛːn]
Lettonie (f)	Lettland	['lʲetlʲand]

Lituanie (f)	Litauen	[li'tauen]
Pologne (f)	Polen	['pɔlʲen]
Roumanie (f)	Rumänien	[rʉ'mɛːnien]
Serbie (f)	Serbien	['sɛrbien]
Slovaquie (f)	Slovakien	[slʲo'vakien]

Croatie (f)	Kroatien	[krʊ'atien]
République (f) Tchèque	Tjeckien	['ɕɛkien]
Estonie (f)	Estland	['ɛstlʲand]
Bosnie (f)	Bosnien-Hercegovina	['bɔsnien hɛrsəgɔ'vina]
Macédoine (f)	Makedonien	[make'dʉnien]

Slovénie (f)	Slovenien	[slʲo'venien]
Monténégro (m)	Montenegro	['mɔntə‚nɛgrʊ]
Biélorussie (f)	Vitryssland	['vit‚rʏslʲand]
Moldavie (f)	Moldavien	[mʊlʲ'davien]
Russie (f)	Ryssland	['rʏslʲand]
Ukraine (f)	Ukraina	[u'krajna]

20. Les pays du monde. Partie 2

Asie (f)	Asien	['asien]
Vietnam (m)	Vietnam	['vjɛtnam]
Inde (f)	Indien	['indien]
Israël (m)	Israel	['israelʲ]
Chine (f)	Kina	['ɕina]

Liban (m)	Libanon	['libanɔn]
Mongolie (f)	Mongoliet	[mʊŋgʊ'liet]
Malaisie (f)	Malaysia	[ma'lʲajsia]
Pakistan (m)	Pakistan	['paki‚stan]
Arabie (f) Saoudite	Saudiarabien	['saudi a'rabien]

Thaïlande (f)	Thailand	['tajlʲand]
Taïwan (m)	Taiwan	[taj'van]
Turquie (f)	Turkiet	[turkiet]
Japon (m)	Japan	['japan]
Afghanistan (m)	Afghanistan	[afˈgani‚stan]
Bangladesh (m)	Bangladesh	[banglʲa'dɛʃ]
Indonésie (f)	Indonesien	[indʊ'nesien]

Jordanie (f)	Jordanien	[jʊ'ɖaniən]
Iraq (m)	Irak	[i'rak]
Iran (m)	Iran	[i'ran]

Cambodge (m)	Kambodja	[kam'bɔdja]
Koweït (m)	Kuwait	[kʉ'vajt]
Laos (m)	Laos	['lʲaɔs]
Myanmar (m)	Myanmar	['mjanmar]
Népal (m)	Nepal	[ne'palʲ]

Fédération (f) des Émirats Arabes Unis	Förenade arabrepubliken	[fø'renadə a'rab repub'likən]
Syrie (f)	Syrien	['syriən]
Palestine (f)	Palestina	[palʲe'stina]
Corée (f) du Sud	Sydkorea	['syd͵kʉ'rea]
Corée (f) du Nord	Nordkorea	['nʊ:ɖ kʉ'rea]

Les États Unis	Amerikas Förenta Stater	[a'mɛrikas fø'rɛnta 'statər]
Canada (m)	Kanada	['kanada]
Mexique (m)	Mexiko	['mɛksikɔ]
Argentine (f)	Argentina	[argɛn'tina]
Brésil (m)	Brasilien	[bra'siliən]

Colombie (f)	Colombia	[kɔ'lʲʊmbia]
Cuba (f)	Kuba	['kʉ:ba]
Chili (m)	Chile	['ɕi:lʲe]
Venezuela (f)	Venezuela	[venesu'ɛlʲa]
Équateur (m)	Ecuador	[ɛkva'dʊr]

Bahamas (f pl)	Bahamas	[ba'hamas]
Panamá (m)	Panama	['panama]
Égypte (f)	Egypten	[e'jyptən]
Maroc (m)	Marocko	[ma'rɔkʉ]
Tunisie (f)	Tunisien	[tʉ'nisiən]

Kenya (m)	Kenya	['kenja]
Libye (f)	Libyen	['libiən]
République (f) Sud-africaine	Republiken Sydafrika	[repu'bliken 'syd͵afrika]
Australie (f)	Australien	[au'straliən]
Nouvelle Zélande (f)	Nya Zeeland	['nya 'se:lʲand]

21. Le temps. Les catastrophes naturelles

temps (m)	väder (ett)	['vɛ:dər]
météo (f)	väderprognos (en)	['vɛ:dər͵prɔg'nɔ:s]
température (f)	temperatur (en)	[tɛmpəra'tʉ:r]
thermomètre (m)	termometer (en)	[tɛrmʉ'metər]
baromètre (m)	barometer (en)	[barʉ'metər]
soleil (m)	sol (en)	['sʊlʲ]

briller (soleil)	**att skina**	[at 'ɧina]
ensoleillé (jour ~)	**solig**	['sʊlig]
se lever (vp)	**att gå upp**	[at 'goː 'up]
se coucher (vp)	**att gå ner**	[at 'goː ˌner]
pluie (f)	**regn (ett)**	['rɛgn]
il pleut	**det regnar**	[dɛ 'rɛgnar]
pluie (f) torrentielle	**hällande regn (ett)**	['hɛlʲandə 'rɛgn]
nuée (f)	**regnmoln (ett)**	['rɛgnˌmɔlʲn]
flaque (f)	**pöl, vattenpuss (en)**	['pøːlʲ], ['vatənˌpus]
se faire mouiller	**att bli våt**	[at bli 'voːt]
orage (m)	**åskväder (ett)**	['ɔskˌvɛdər]
éclair (m)	**blixt (en)**	['blikst]
éclater (foudre)	**att blixtra**	[at 'blikstra]
tonnerre (m)	**åska (en)**	['ɔska]
le tonnerre gronde	**det åskar**	[dɛ 'ɔskar]
grêle (f)	**hagel (ett)**	['hagəlʲ]
il grêle	**det haglar**	[dɛ 'haglʲar]
chaleur (f) (canicule)	**hetta (en)**	['hɛta]
il fait très chaud	**det är hett**	[dɛ æːr 'hɛt]
il fait chaud	**det är varmt**	[dɛ æːr varmt]
il fait froid	**det är kallt**	[dɛ æːr 'kalʲt]
brouillard (m)	**dimma (en)**	['dima]
brumeux (adj)	**dimmig**	['dimig]
nuage (m)	**moln (ett), sky (en)**	['mɔlʲn], ['ɧy]
nuageux (adj)	**molnig**	['mɔlʲnig]
humidité (f)	**fuktighet (en)**	['fuːktigˌhet]
neige (f)	**snö (en)**	['snøː]
il neige	**det snöar**	[dɛ 'snøːar]
gel (m)	**frost (en)**	['frɔst]
au-dessous de zéro	**under noll**	['undə ˌnɔlʲ]
givre (m)	**rimfrost (en)**	['rimˌfrɔst]
intempéries (f pl)	**oväder (ett)**	[ʊ'vɛːdər]
catastrophe (f)	**katastrof (en)**	[kata'strɔf]
inondation (f)	**översvämning (en)**	['øːvəˌsvɛmniŋ]
avalanche (f)	**lavin (en)**	[lʲa'vin]
tremblement (m) de terre	**jordskalv (ett)**	['juːdˌskalv]
secousse (f)	**skalv (ett)**	['skalʲv]
épicentre (m)	**epicentrum (ett)**	[ɛpi'sɛntrum]
éruption (f)	**utbrott (ett)**	['ʉtˌbrɔt]
lave (f)	**lava (en)**	['lʲava]
tornade (f)	**tornado (en)**	[tʊ'ɳadʊ]
tourbillon (m)	**tromb (en)**	['trɔmb]
ouragan (m)	**orkan (en)**	[ɔr'kan]
tsunami (m)	**tsunami (en)**	[tsu'nami]
cyclone (m)	**cyklon (en)**	[tsʏ'klʲɔn]

22. Les animaux. Partie 1

animal (m)	djur (ett)	['jʉ:r]
prédateur (m)	rovdjur (ett)	['rʊvˌjʉ:r]
tigre (m)	tiger (en)	['tigər]
lion (m)	lejon (ett)	['lʲejon]
loup (m)	ulv (en)	['ulʲv]
renard (m)	räv (en)	['rɛ:v]
jaguar (m)	jaguar (en)	[jaguar]
lynx (m)	lodjur (ett), lo (en)	['lʲʊˌjʉ:r], ['lʲʊ]
coyote (m)	koyot, prärievarg (en)	[kɔ'jʊt], ['præ:rieˌvarj]
chacal (m)	sjakal (en)	[ɦa'kalʲ]
hyène (f)	hyena (en)	[hy'ena]
écureuil (m)	ekorre (en)	['ɛkɔrə]
hérisson (m)	igelkott (en)	['igəlʲˌkot]
lapin (m)	kanin (en)	[ka'nin]
raton (m)	tvättbjörn (en)	['tvætˌbjø:ɳ]
hamster (m)	hamster (en)	['hamstər]
taupe (f)	mullvad (en)	['mulʲˌvad]
souris (f)	mus (en)	['mʉ:s]
rat (m)	råtta (en)	['rota]
chauve-souris (f)	fladdermus (en)	['flʲadərˌmʉ:s]
castor (m)	bäver (en)	['bɛ:vər]
cheval (m)	häst (en)	['hɛst]
cerf (m)	hjort (en)	['jʊ:t]
chameau (m)	kamel (en)	[ka'melʲ]
zèbre (m)	sebra (en)	['sebra]
baleine (f)	val (en)	['valʲ]
phoque (m)	säl (en)	['sɛ:lʲ]
morse (m)	valross (en)	['valʲˌrɔs]
dauphin (m)	delfin (en)	[dɛlʲ'fin]
ours (m)	björn (en)	['bjø:ɳ]
singe (m)	apa (en)	['apa]
éléphant (m)	elefant (en)	[ɛlʲe'fant]
rhinocéros (m)	noshörning (en)	['nʊsˌhø:ɳiŋ]
girafe (f)	giraff (en)	[ɦi'raf]
hippopotame (m)	flodhäst (en)	['flʲʊdˌhɛst]
kangourou (m)	känguru (en)	['ɕɛngurʊ]
chat (m) (femelle)	katt (en)	['kat]
chien (m)	hund (en)	['hund]
vache (f)	ko (en)	['kɔ:]
taureau (m)	tjur (en)	['ɕʉ:r]

| brebis (f) | får (ett) | ['fo:r] |
| chèvre (f) | get (en) | ['jet] |

âne (m)	åsna (en)	['ɔsna]
cochon (m)	svin (ett)	['svin]
poule (f)	höna (en)	['hø:na]
coq (m)	tupp (en)	['tup]

canard (m)	anka (en)	['aŋka]
oie (f)	gås (en)	['go:s]
dinde (f)	kalkonhöna (en)	[kalˈkʊnˌhø:na]
berger (m)	vallhund (en)	['valʲˌhund]

23. Les animaux. Partie 2

oiseau (m)	fågel (en)	['fo:gelʲ]
pigeon (m)	duva (en)	['dʉ:va]
moineau (m)	sparv (en)	['sparv]
mésange (f)	talgoxe (en)	['taljʊksə]
pie (f)	skata (en)	['skata]

aigle (m)	örn (en)	['ø:ɳ]
épervier (m)	hök (en)	['hø:k]
faucon (m)	falk (en)	['falʲk]

cygne (m)	svan (en)	['svan]
grue (f)	trana (en)	['trana]
cigogne (f)	stork (en)	['stɔrk]
perroquet (m)	papegoja (en)	[pape'gɔja]
paon (m)	påfågel (en)	['po:ˌfo:gelʲ]
autruche (f)	struts (en)	['struts]

héron (m)	häger (en)	['hɛ:gər]
rossignol (m)	näktergal (en)	['nɛktəˌgalʲ]
hirondelle (f)	svala (en)	['svalʲa]
pivert (m)	hackspett (en)	['hakˌspet]
coucou (m)	gök (en)	['jø:k]
chouette (f)	uggla (en)	['uglʲa]

pingouin (m)	pingvin (en)	[piŋ'vin]
thon (m)	tonfisk (en)	['tʊnˌfisk]
truite (f)	öring (en)	['ø:riŋ]
anguille (f)	ål (en)	['o:lʲ]

requin (m)	haj (en)	['haj]
crabe (m)	krabba (en)	['kraba]
méduse (f)	manet, medusa (en)	[ma'net], [me'dʉsa]
pieuvre (f), poulpe (m)	bläckfisk (en)	['blʲɛkˌfisk]
étoile (f) de mer	sjöstjärna (en)	['ɧø:ˌɧæ:ɳa]
oursin (m)	sjöpiggsvin (ett)	['ɧø:ˌpigsvin]

| hippocampe (m) | sjöhäst (en) | ['ɧøːˌhɛst] |
| crevette (f) | räka (en) | ['rɛːka] |

serpent (m)	orm (en)	['ʊrm]
vipère (f)	huggorm (en)	['hɵgˌʊrm]
lézard (m)	ödla (en)	['ødlʲa]
iguane (m)	iguana (en)	[igu'ana]
caméléon (m)	kameleont (en)	[kamelʲe'ɔnt]
scorpion (m)	skorpion (en)	[skɔrpi'ʊn]

tortue (f)	sköldpadda (en)	['ɧœlʲdˌpada]
grenouille (f)	groda (en)	['grʊda]
crocodile (m)	krokodil (en)	[krɔkɔ'dilʲ]
insecte (m)	insekt (en)	['insɛkt]
papillon (m)	fjäril (en)	['fæːrilʲ]
fourmi (f)	myra (en)	['myra]
mouche (f)	fluga (en)	['flɵːga]

moustique (m)	mygga (en)	['mʏga]
scarabée (m)	skalbagge (en)	['skalʲˌbagə]
abeille (f)	bi (ett)	['bi]
araignée (f)	spindel (en)	['spindəlʲ]
coccinelle (f)	nyckelpiga (en)	['nʏkəlʲˌpiga]

24. La flore. Les arbres

arbre (m)	träd (ett)	['trɛːd]
bouleau (m)	björk (en)	['bjœrk]
chêne (m)	ek (en)	['ɛk]
tilleul (m)	lind (en)	['lind]
tremble (m)	asp (en)	['asp]

érable (m)	lönn (en)	['lʲøn]
épicéa (m)	gran (en)	['gran]
pin (m)	tall (en)	['talʲ]
cèdre (m)	ceder (en)	['sedər]

peuplier (m)	poppel (en)	['pɔpəlʲ]
sorbier (m)	rönn (en)	['rœn]
hêtre (m)	bok (en)	['bʊk]
orme (m)	alm (en)	['alʲm]

frêne (m)	ask (en)	['ask]
marronnier (m)	kastanjeträd (ett)	[ka'stanjəˌtrɛd]
palmier (m)	palm (en)	['palʲm]
buisson (m)	buske (en)	['buskə]

champignon (m)	svamp (en)	['svamp]
champignon (m) vénéneux	giftig svamp (en)	['jiftig ˌsvamp]
cèpe (m)	stensopp (en)	['stenˌsɔp]

russule (f)	kremla (en)	['krɛmlʲa]
amanite (f) tue-mouches	flugsvamp (en)	['flɵːɡˌsvamp]
oronge (f) verte	lömsk flugsvamp (en)	['lʲømsk 'flɵːɡˌsvamp]

fleur (f)	blomma (en)	['blʲʊma]
bouquet (m)	bukett (en)	[bɵ'kɛt]
rose (f)	ros (en)	['rʊs]
tulipe (f)	tulpan (en)	[tulʲ'pan]
oeillet (m)	nejlika (en)	['nɛjlika]

marguerite (f)	kamomill (en)	[kamɔ'milʲ]
cactus (m)	kaktus (en)	['kaktus]
muguet (m)	liljekonvalje (en)	['lilje kʊn 'valjə]
perce-neige (f)	snödropp (en)	['snøːˌdrop]
nénuphar (m)	näckros (en)	['nɛkrʊs]

serre (f) tropicale	drivhus (ett)	['drivˌhɵs]
gazon (m)	gräsplan, gräsmatta (en)	['grɛsˌplan], ['grɛsˌmata]
parterre (m) de fleurs	blomsterrabatt (en)	['blʲomstərˌrabat]

plante (f)	växt (en)	['vɛkst]
herbe (f)	gräs (ett)	['grɛːs]
feuille (f)	löv (ett)	['lʲøːv]
pétale (m)	kronblad (ett)	['krɔnˌblʲad]
tige (f)	stjälk (en)	['ɧɛlʲk]
pousse (f)	ung planta (en)	['uŋ 'planta]

céréales (f pl) (plantes)	spannmål (ett)	['spanˌmoːlʲ]
blé (m)	vete (ett)	['vetə]
seigle (m)	råg (en)	['roːɡ]
avoine (f)	havre (en)	['havrə]

millet (m)	hirs (en)	['hyʂ]
orge (f)	korn (ett)	['kʊːɳ]
maïs (m)	majs (en)	['majs]
riz (m)	ris (ett)	['ris]

25. Les mots souvent utilisés

aide (f)	hjälp (en)	['jɛlʲp]
arrêt (m) (pause)	uppehåll (ett), vila (en)	['upə'hoːlʲ], ['vilʲa]
balance (f)	balans (en)	[ba'lʲans]
base (f)	bas (en)	['bas]
catégorie (f)	kategori (en)	[kategɔ'riː]

choix (m)	val (ett)	['valʲ]
coïncidence (f)	sammanfall (ett)	['samˌanfalʲ]
comparaison (f)	jämförelse (en)	['jɛmˌførəlʲsə]
début (m)	början (en)	['bœrjan]
degré (m) (~ de liberté)	grad (en)	['grad]

développement (m)	utveckling (en)	['ʉt̪ˌvɛklin̩]
différence (f)	skillnad (en)	['ɧilᴵnad]
effet (m)	effekt (en)	[ɛ'fɛkt]
effort (m)	ansträngning (en)	['anˌstrɛŋnin̩]

élément (m)	element (ett)	[ɛlᴵe'mɛnt]
exemple (m)	exempel (ett)	[ɛk'sɛmpəlᴵ]
fait (m)	faktum (ett)	['faktum]
faute, erreur (f)	fel (ett)	['felᴵ]
forme (f)	form (en)	['fɔrm]

idéal (m)	ideal (ett)	[ide'alᴵ]
mode (m) (méthode)	sätt (ett)	['sæt]
moment (m)	moment (ett)	[mʊ'mɛnt]
obstacle (m)	hinder (ett)	['hindər]
part (f)	del (en)	['delᴵ]

pause (f)	paus (en)	['paus]
position (f)	position (en)	[pʊsi'ɧʊn]
problème (m)	problem (ett)	[prʊ'blᴵem]
processus (m)	process (en)	[prʊ'sɛs]
progrès (m)	framsteg (ett)	['framˌsteg]
propriété (f) (qualité)	egenskap (en)	['ɛgɛnˌskap]
réaction (f)	reaktion (en)	[reak'ɧʊn]
risque (m)	risk (en)	['risk]
secret (m)	hemlighet (en)	['hɛmligˌhet]
série (f)	serie (en)	['serie]

situation (f)	situation (en)	[sitʉa'ɧʊn]
solution (f)	lösning (en)	['lᴵœsnin̩]
standard (adj)	standard-	['standa:d̪-]
style (m)	stil (en)	['stilᴵ]
système (m)	system (ett)	[sʏ'stem]

tableau (m) (grille)	tabell (en)	[ta'bɛlᴵ]
tempo (m)	tempo (ett)	['tɛmpʊ]
terme (m)	term (en)	['tɛrm]
tour (m) (attends ton ~)	tur (en)	['tʉ:r]
type (m) (~ de sport)	slag (ett), sort (en)	['slᴵag], ['sɔ:t̪]

urgent (adj)	brådskande	['brɔˌskandə]
utilité (f)	nytta (en)	['nʏta]
vérité (f)	sanning (en)	['sanin̩]
version (f)	variant (en)	[vari'ant]
zone (f)	zon (en)	['sʊn]

26. Les adjectifs. Partie 1

| aigre (fruits ~s) | syr | ['syr] |
| amer (adj) | bitter | ['bitər] |

ancien (adj)	forntida, antikens	['fʊːn̩ˌtida], [an'tikəns]
artificiel (adj)	konstgjord	['kɔnstˌjʊːd]
aveugle (adj)	blind	['blind]
bas (voix ~se)	låg, lågmäld	['lʲoːg], ['lʲoːgmɛlʲd]
beau (homme)	vacker	['vakər]
bien affilé (adj)	skarp	['skarp]
bon (savoureux)	läcker	['lʲɛkər]
bronzé (adj)	solbränd	['sʊlʲˌbrɛnd]
central (adj)	central	[sɛn'tralʲ]
clandestin (adj)	hemlig	['hɛmlig]
compatible (adj)	förenlig	[fø'rɛnlig]
content (adj)	nöjd, tillfreds	['nœjd], ['tilʲfrɛds]
continu (usage ~)	långvarig	['lʲɔŋˌvarig]
court (de taille)	kort	['kɔːt]
cru (non cuit)	rå	['roː]
dangereux (adj)	farlig	['faːlʲig]
d'enfant (adj)	barnslig	['baːnʃlig]
dense (brouillard ~)	tät	['tɛt]
dernier (final)	sista	['sista]
difficile (décision)	svår	['svoːr]
d'occasion (adj)	begagnad, secondhand	['beˌgagnad], ['sekondˌhɛnd]
douce (l'eau ~)	söt-, färsk-	['søːt-], ['fæːʂk-]
droit (pas courbe)	rak, rakt	['rak], ['rakt]
droit (situé à droite)	höger	['høːgər]
dur (pas mou)	hård	['hoːd]
étroit (passage, etc.)	smal	['smalʲ]
excellent (adj)	utmärkt	['ʉtˌmæːrkt]
excessif (adj)	överdriven	['øːvəˌdrivən]
extérieur (adj)	yttre	['ytrə]
facile (adj)	lätt, enkel	['lʲæt], ['ɛŋkəlʲ]
fertile (le sol ~)	fruktbar	['frʉktˌbar]
fort (homme ~)	stark	['stark]
fort (voix ~e)	hög	['høːg]
fragile (vaisselle, etc.)	skör, bräcklig	['ɧøːr], ['brɛklig]
gauche (adj)	vänster	['vɛnstər]
géant (adj)	enorm	[ɛ'nɔrm]
grand (dimension)	stor	['stʊr]
gratuit (adj)	gratis	['gratis]
heureux (adj)	lycklig	['lʲyklig]
immobile (adj)	orörlig	[ʊ'røːlʲig]
important (adj)	viktig	['viktig]
intelligent (adj)	klok	['klʲʊk]
intérieur (adj)	inre	['inrə]

légal (adj)	laglig	['lⁱaglig]
léger (pas lourd)	lätt	['lⁱæt]
liquide (adj)	flytande	['flⁱytandə]
lisse (adj)	glatt	['glⁱat]
long (~ chemin)	lång	['lⁱɔŋ]

27. Les adjectifs. Partie 2

malade (adj)	sjuk	['ɧʉːk]
mat (couleur)	matt	['mat]
mauvais (adj)	dålig	['doːlig]
mort (adj)	död	['døːd]
mou (souple)	mjuk	['mjʉːk]

mûr (fruit ~)	mogen	['mʊgən]
mystérieux (adj)	mystisk	['mystisk]
natal (ville, pays)	hem-, födelse-	['hɛm-], ['fødəlⁱsə-]
négatif (adj)	negativ	['nega,tiv]
neuf (adj)	ny	['ny]
normal (adj)	normal	[nɔr'malⁱ]

obligatoire (adj)	obligatorisk	[ɔbliga'tʊrisk]
opposé (adj)	motsatt	['mʊt,sat]
ordinaire (adj)	vanlig	['vanlig]
original (peu commun)	original	[ɔrigi'nalⁱ]
ouvert (adj)	öppen	['øpən]

parfait (adj)	utmärkt	['ʉt,mæːrkt]
pas clair (adj)	oklar	[ʊ:'klⁱar]
pas difficile (adj)	lätt	['lⁱæt]
passé (le mois ~)	förra	['fœːra]
pauvre (adj)	fattig	['fatig]

personnel (adj)	personlig	[pɛ'ʂʊnlig]
petit (adj)	liten, små	['litən], ['smoː]
peu profond (adj)	grund	['grʉnd]
plein (rempli)	full	['fulⁱ]
poli (adj)	hövlig, artig	['hœvlig], ['aːʈig]
possible (adj)	möjlig	['mœjlig]

précis, exact (adj)	precis, exakt	[prɛ'sis], [ɛk'sakt]
principal (adj)	huvud-	['hʉːvʉd-]
principal (idée ~e)	huvud-	['hʉːvʉd-]
probable (adj)	sannolik	[sanʊ'lik]
propre (chemise ~)	ren	['ren]
public (adj)	offentlig	[ɔ'fɛntlig]

rapide (adj)	snabb	['snab]
rare (adj)	sällsynt	['sɛlⁱsynt]
risqué (adj)	riskabel	[ris'kabəlⁱ]

sale (pas propre)	**smutsig**	['smutsig]
similaire (adj)	**lik**	['lik]

solide (bâtiment, etc.)	**solid, hållbar**	[sɔ'lid], ['hoːlʲˌbar]
spacieux (adj)	**rymlig**	['rʏmlig]
spécial (adj)	**speciell**	[spesi'ɛlʲ]
stupide (adj)	**dum**	['dum]
sucré (adj)	**söt**	['søːt]
suivant (vol ~)	**nästa**	['nɛsta]

supplémentaire (adj)	**ytterligare**	['ytəˌligarə]
surgelé (produits ~s)	**fryst**	['frʏst]
triste (regard ~)	**trist**	['trist]
vide (bouteille, etc.)	**tom**	['tɔm]
vieux (bâtiment, etc.)	**gammal**	['gamalʲ]

28. Les verbes les plus utilisés. Partie 1

accuser (vt)	**att anklaga**	[at 'aŋˌklʲaga]
acheter (vt)	**att köpa**	[at 'ɕøːpa]
aider (vt)	**att hjälpa**	[at 'jɛlʲpa]
aimer (qn)	**att älska**	[at 'ɛlʲska]
aller (à pied)	**att gå**	[at 'goː]
allumer (vt)	**att slå på**	[at 'slʲoː pɔ]

annoncer (vt)	**att meddela**	[at 'meˌdelʲa]
annuler (vt)	**att inställa, att annullera**	[at in'stɛlʲa], [at anʉ'lʲera]
appartenir à ...	**att tillhöra ...**	[at 'tilʲˌhøːra ...]
attendre (vt)	**att vänta**	[at 'vɛnta]
attraper (vt)	**att fånga**	[at 'fɔŋa]
autoriser (vt)	**att tillåta**	[at 'tilʲoːta]

avoir (vt)	**att ha**	[at 'ha]
avoir confiance	**att lita på**	[at 'lita pɔ]
avoir peur	**att frukta**	[at 'frʉkta]
battre (frapper)	**att slå**	[at 'slʲoː]

boire (vt)	**att dricka**	[at 'drika]
cacher (vt)	**att gömma**	[at 'jœma]
casser (briser)	**att bryta**	[at 'bryta]
cesser (vt)	**att sluta**	[at 'slʉːta]
changer (vt)	**att ändra**	[at 'ɛndra]
chanter (vi)	**att sjunga**	[at 'ɧuːŋa]

chasser (animaux)	**att jaga**	[at 'jaga]
choisir (vt)	**att välja**	[at 'vɛlja]
commencer (vt)	**att begynna**	[at be'jina]
comparer (vt)	**att jämföra**	[at 'jɛmˌføra]
comprendre (vt)	**att förstå**	[at fœ:'ʂtoː]
compter (dénombrer)	**att räkna**	[at 'rɛkna]

compter sur ...	att räkna med ...	[at 'rɛkna me ...]
confirmer (vt)	att bekräfta	[at be'krɛfta]
connaître (qn)	att känna	[at 'ɕɛna]
construire (vt)	att bygga	[at 'bɤga]
copier (vt)	att kopiera	[at kɔ'pjera]
courir (vi)	att löpa, att springa	[at 'lʲøːpa], [at 'spriŋa]

coûter (vt)	att kosta	[at 'kɔsta]
créer (vt)	att skapa	[at 'skapa]
creuser (vt)	att gräva	[at 'grɛːva]
crier (vi)	att skrika	[at 'skrika]
croire (en Dieu)	att tro	[at 'trʊ]
danser (vi, vt)	att dansa	[at 'dansa]

décider (vt)	att besluta	[at be'slʉːta]
déjeuner (vi)	att äta lunch	[at 'ɛːta ˌlʉnɕ]
demander (~ l'heure)	att fråga	[at 'froːga]
dépendre de ...	att bero på ...	[at be'rʊ pɔ ...]
déranger (vt)	att störa	[at 'støːra]
dîner (vi)	att äta kvällsmat	[at 'ɛːta 'kvɛlʲsˌmat]

dire (vt)	att säga	[at 'sɛːja]
discuter (vt)	att diskutera	[at diskʉ'tera]
disparaître (vi)	att försvinna	[at fœː'ʂvina]
divorcer (vi)	att skilja sig	[at 'ɧilja sɛj]
donner (vt)	att ge	[at je:]
douter (vt)	att tvivla	[at 'tvivlʲa]

29. Les verbes les plus utilisés. Partie 2

écrire (vt)	att skriva	[at 'skriva]
entendre (bruit, etc.)	att höra	[at 'høːra]
envoyer (vt)	att skicka	[at 'ɧika]
espérer (vi)	att hoppas	[at 'hɔpas]
essayer (de faire qch)	att pröva	[at 'prøːva]

éteindre (vt)	att slå av	[at 'slʲoː 'av]
être absent	att vara frånvarande	[at 'vara 'froːnˌvarandə]
être d'accord	att samtycka	[at 'samˌtɤka]
être fatigué	att bli trött	[at bli 'trœt]
être pressé	att skynda sig	[at 'ɧɤnda sɛj]

étudier (vt)	att studera	[at stu'dera]
excuser (vt)	att ursäkta	[at 'ʉːˌʂɛkta]
exiger (vt)	att kräva	[at 'krɛːva]
exister (vi)	att existera	[at ɛksi'stera]
expliquer (vt)	att förklara	[at før'klʲara]

| faire (vt) | att göra | [at 'jøːra] |
| faire le ménage | att städa | [at 'stɛːda] |

faire tomber	att tappa	[at 'tapa]
féliciter (vt)	att gratulera	[at gratɵ'lʲera]
fermer (vt)	att stänga	[at 'stɛŋa]

finir (vt)	att sluta	[at 'slɵ:ta]
garder (conserver)	att behålla	[at be'hoːlʲa]
haïr (vt)	att hata	[at 'hata]
insister (vi)	att insistera	[at insi'stera]
insulter (vt)	att förolämpa	[at 'førɵˌlʲɛmpa]
interdire (vt)	att förbjuda	[at før'bjɵ:da]

inviter (vt)	att inbjuda, att invitera	[at in'bjɵ:da], [at invi'tera]
jouer (s'amuser)	att leka	[at 'lʲeka]
lire (vi, vt)	att läsa	[at 'lʲɛ:sa]
louer (prendre en location)	att hyra	[at 'hyra]
manger (vi, vt)	att äta	[at 'ɛ:ta]

manquer (l'école)	att missa	[at 'misa]
mépriser (vt)	att förakta	[at fø'rakta]
montrer (vt)	att visa	[at 'visa]
mourir (vi)	att dö	[at 'dø:]
nager (vi)	att simma	[at 'sima]

naître (vi)	att födas	[at 'fø:das]
nier (vt)	att förneka	[at fœː'ŋeka]
obéir (vt)	att underordna sig	[at 'undərˌɔːd̠na sɛj]
oublier (vt)	att glömma	[at 'glʲœma]
ouvrir (vt)	att öppna	[at 'øpna]

30. Les verbes les plus utilisés. Partie 3

pardonner (vt)	att förlåta	[at 'fœːˌl̥oːta]
parler (vi, vt)	att tala	[at 'talʲa]
parler avec …	att tala med …	[at 'talʲa me …]
participer à …	att delta	[at 'dɛlʲta]
payer (régler)	att betala	[at be'talʲa]
penser (vi, vt)	att tänka	[at 'tɛŋka]

perdre (les clefs, etc.)	att mista	[at 'mista]
plaire (être apprécié)	att gilla	[at 'jilʲa]
plaisanter (vi)	att skämta, att skoja	[at 'ɧɛmta], [at 'skɔja]
pleurer (vi)	att gråta	[at 'gro:ta]
plonger (vi)	att dyka	[at 'dyka]
pouvoir (v aux)	att kunna	[at 'kuna]

pouvoir (v aux)	att kunna	[at 'kuna]
prendre (vt)	att ta	[at ta]
prendre le petit déjeuner	att äta frukost	[at 'ɛ:ta 'frɵ:kɔst]
préparer (le dîner)	att laga	[at 'lʲaga]
prévoir (vt)	att förutse	[at 'førɵtˌsə]

prier (~ Dieu)	att be	[at 'be:]
promettre (vt)	att lova	[at 'lʲɔva]
proposer (vt)	att föreslå	[at 'førəˌslʲo:]
prouver (vt)	att bevisa	[at be'visa]
raconter (une histoire)	att berätta	[at be'ræta]
recevoir (vt)	att ta emot	[at ta ɛmo:t]

regarder (vt)	att titta	[at 'tita]
remercier (vt)	att tacka	[at 'taka]
répéter (dire encore)	att upprepa	[at 'uprepa]
répondre (vi, vt)	att svara	[at 'svara]
réserver (une chambre)	att reservera	[at resɛr'vera]
rompre (relations)	att avbryta	[at 'avˌbryta]

s'asseoir (vp)	att sätta sig	[at 'sæta sɛj]
sauver (la vie à qn)	att rädda	[at 'rɛda]
savoir (qch)	att veta	[at 'veta]
se battre (vp)	att slåss	[at 'slʲɔs]
se dépêcher	att skynda sig	[at 'ɧynda sɛj]
se plaindre (vp)	att klaga	[at 'klʲaga]

se rencontrer (vp)	att mötas	[at 'mø:tas]
se tromper (vp)	att göra fel	[at 'jø:ra ˌfelʲ]
sécher (vt)	att torka	[at 'tɔrka]
s'excuser (vp)	att ursäkta sig	[at 'ʉːˌsɛkta sɛj]
signer (vt)	att underteckna	[at 'undəˌtɛkna]

sourire (vi)	att småle	[at 'smo:lʲe]
supprimer (vt)	att ta bort, att radera	[at ta 'bɔ:t], [at ra'dera]
tirer (vi)	att skjuta	[at 'ɧʉ:ta]
tomber (vi)	att falla	[at 'falʲa]
tourner (~ à gauche)	att svänga	[at 'svɛŋa]
traduire (vt)	att översätta	[at 'ø:vəˌsæta]

travailler (vi)	att arbeta	[at 'arˌbeta]
tromper (vt)	att fuska	[at 'fʉska]
trouver (vt)	att finna	[at 'fina]
tuer (vt)	att döda, att mörda	[at 'dø:da], [at 'mø:ɖa]
vendre (vt)	att sälja	[at 'sɛlʲja]

venir (vi)	att ankomma	[at 'aŋˌkɔma]
vérifier (vt)	att checka	[at 'ɕɛka]
voir (vt)	att se	[at 'se:]
voler (avion, oiseau)	att flyga	[at 'flʲyga]
voler (qch à qn)	att stjäla	[at 'ɧɛ:lʲa]
vouloir (vt)	att vilja	[at 'vilja]

www.ingramcontent.com/pod-product-compliance
Lightning Source LLC
Chambersburg PA
CBHW060029050426
42448CB00012B/2927